钱穆

中国学术思想史论丛

3

图书在版编目（CIP）数据

中国学术思想史论丛．3／钱穆著．—2版．—北京：生活·读书·新知三联书店，2019.8
（钱穆作品系列）
ISBN 978－7－108－06613－8

Ⅰ．①中…　Ⅱ．①钱…　Ⅲ．①学术思想－思想史－中国－文集
Ⅳ．①B2-53

中国版本图书馆CIP数据核字（2019）第091375号

责任编辑　冯金红
装帧设计　蔡立国
责任印制　宋　家
出版发行　生活·讀書·新知　三联书店
（北京市东城区美术馆东街22号　100010）
网　　址　www.sdxjpc.com
图　　字　01-2017-8543
经　　销　新华书店
印　　刷　北京新华印刷有限公司
版　　次　2009年12月北京第1版
2019年8月北京第2版
2019年8月北京第3次印刷
开　　本　880毫米×1230毫米　1/32　印张6.875
字　　数　136千字
印　　数　07,001－13,000册
定　　价　35.00元
（印装查询：01064002715；邮购查询：01084010542）

目　　录

序　1

读陆贾《新语》　1
中国古代大史学家——司马迁　6
司马迁生年考　16
太史公考释　22
刘向《列女传》中所见之中国道德精神　35
东汉经学略论　47
略述刘邵《人物志》　56
葛洪年谱　64
魏晋玄学与南渡清谈　71
袁宏政论与史学　80
读《文选》　101
略论魏晋南北朝学术文化与当时门第之关系　140

序

本书第二编第一册所收，起自西汉，迄于南北朝，凡得散篇论文共十二篇。其有关两汉经学者，大多收于《两汉经学今古文平议》。其有关魏晋清谈，自王弼何晏以下诸家，有一部分收入《庄老通辨》。此编皆不复载。作者复有《秦汉史》，《中国思想史》，《国学概论》，《国史大纲》诸种，与此编有关涉，皆可参读。

一九七七年初春钱穆识于台北外双溪之素书楼，时年八十有三。

读陆贾《新语》

陆贾楚人,《新语》文体,上承荀卿,下开淮南,颇尚辞藻。荀屈同为赋宗,盖荀卿曾南游楚,而染其文风耳。《庄子·外篇》如《天道》《天运》,亦近此体。贾谊以下至董仲舒,为北方文体。西汉文章,至贾董而始变。

《新语·道基》篇开首,传曰,天生万物,以地养之,圣人成之。功德参合而道术生焉。此即《中庸》所谓赞化育,参天地也。下文先圣仰观天文,俯察地理,图画乾坤一节,极似《易大传》。然则《易大传》殆先《新语》,成于秦儒,会通儒道,亦楚风也。据是疑开首传曰,亦指《易传》。惟今《易传》无其文。岂《易传》自《新语》后,尚续有增删,始成今之定本乎?

《术事》篇开端,善言古者,合之于今。能术远者,考之于近。此等亦极近《中庸》,皆自荀卿法后王之论来。其过激则为韩非。司马迁《六国年表序》亦承此旨。而贾董则近法先王,此亦晚周至汉初学术界一分野也。

《术事》篇又云:书不必起仲尼之门,书孔子为仲尼,其风亦盛于晚周,如《中庸》《孝经》皆其证。孟子云:仲尼之徒无道桓文之事者,虽亦偶有其例,要之至晚周始成风习。汉儒率多称孔子,此亦证《新语》当属汉初。

《辅政》篇《无为》篇皆参杂以《老子》之说。《老子》书起于晚周,《易传》《中庸》皆承儒义而参以道家言,《新语》亦尔,此乃当时学术大趋也。

《无为》篇云:君子尚宽舒以苞身,行中和以统远。又曰:渐渍于道德,被服于中和之所致也。道德连用本《老子》,中和连用本《中庸》,尚宽之说亦本《中庸》,《语》《孟》以至《易·系传》皆言刚,不尚宽。

《辨惑》篇记孔子夹谷之会,辞语与《穀梁》大相近,然则《穀梁》亦远起先秦矣。虽至汉中叶后递有增润,始成今本,不可谓其绝无师承也。

《慎微》篇亦会通《老子》《中庸》以陈义。其曰道因权而立,德因势而行,以道德合之于权势,不仅《老子》有此义,即《中庸》亦有之。孟子言孝,举舜,而《中庸》言孝必据周公。舜之孝行尚在草莽,周公则正籍权势以大显其道德者。篇末引有至德要道以顺天下,此亦证《孝经》远起汉前。

《辨惑》篇又云:苦身劳形,入深山,求神仙。弃二亲,捐骨肉,绝五谷,废《诗》《书》。背天地之实,求不死之道,非所以通世防非者也。又曰:夫播布革,乱毛发,登高山,食木实,视之无忧游之容,听之无仁义之辞,忽忽若狂痴,推之不往,引之不来。当世不蒙其功,后代不见其才,君倾而不扶,国危而不持,寂寞而无邻,寥廓而独寐,可谓避世,非谓怀道者也。又曰:隐之则为道，布之则为文。其所描述，知其时实多入深山求神仙之事，与当孔子时沮溺荷篆之徒，大异其趣。《庄子》寓言，始有此等意想，殆自晚周而始盛。秦皇海上方士虽无验，然楚汉之际，天下大乱，此等风气仍持续，即张子房亦解谷欲从赤松子游。然就《新语》以避世与隐居分别，则儒道合流，并不包括神仙在内。隐之为道，布之为文，显羼有道家义。

《资质》篇深叹质美才良者伏隐而不能通达，不为世用，是乃惜隐，非高隐也。此显是会通儒道义而有此。

《至德》篇屡引《春秋》事，是必三传多有行于时者。篇末故春秋穀三字下有缺文，是殆引《春秋·穀梁传》也。

《怀虑》篇云：据土子民，治国治众者，不可以图利。治产业则教化不行，而政令不从。此《大学》所谓财聚则民散，财散则民聚，长国家而务财用者，必自小人矣。厥后董仲舒亦言，明明求仁义，如恐不及者，君子之事。明明求财利，如恐不及者，小人之事。此皆封建采邑之制既坏，贵族崩溃，工商生产事业新兴以后，为晚周以迄汉中叶一种共有之思想也。

《怀虑》篇又云：世人不学《诗》《书》，行仁义圣人之道，极经艺之深，乃论不验之语，学不然之事，图天地之形，说灾变之异，〇〇王之法，异圣人之意，惑学者之心，移众人之志，指天画地，是非世事，动人以邪变，惊人以奇怪。听之者若神，视之者如异，然犹不可以济于厄而度其身，或触罪〇法，不免于辜戮。此一节，可见当时智识界一种流行风气，殆是混合阴阳五行灾异变怪之说于纵横捭阖权谋术数之用，蒯通自称与安期生游，即此流也。此后淮南宾客亦多此类。至董仲舒言灾异，乃以会通之于经术,此乃中央政权大定之后,与汉初拨乱之世不同矣。至以经艺连文,则称六经为六艺,已始于其时矣。

《怀虑》篇又云:战士不耕,朝士不商,前一语与韩非耕战之议异,下一语开汉制仕宦者不得经商之先声。

《本行》篇盛倡儒道,然其语多近《荀子》与《大学》,并旁采《老子》,亦征其语实出汉初,与武帝时人意想不同。

《本行》篇又云:案纪图录,以知性命,表定六艺,以〇〇〇,观下一语,知孔子定六经,其说远有所自。殆起荀卿以下,或出秦博士,而贾承其说。观上一语,则儒道阴阳合流之迹已显。

《明诫》篇有云:尧舜不易日月而兴,桀纣不易星辰而亡,天道不改而人道易也。故世衰道亡,非天之所为也,乃国君者有所取之也。此义远承《荀子·天论》。

《明诫》篇又云:恶政生于恶气,恶气生于灾异。蝮虫之类,随气而生。虹蜺之属,因政而见。治道失于下,则天文度于上。恶政流于民,则虫灾生于地。贤君智则知随变而改,缘类而试。此一节与仲舒以下言阴阳灾变者无大异趣,然与上引《怀虑》篇所云有不同。盖虽兼采阴阳家言,而固以儒术为主,此乃汉代儒术所以与方术纵横之士之有其不同所在也。

《明诫》篇又曰:圣人察物,无所遗失。〇〇鹢之退飞,治五石之所陨,所以不失纤微。至于鸲鹆来,冬多麋,言鸟兽之类〇〇〇也。十有二月李梅实,十月殒霜不煞菽,言寒暑之气失其节也。鸟兽草木,尚欲各得其所,纲之以法,纪之以数,而况于人乎。可知自董仲舒治《春秋》,通之阴阳,下迄刘向治《穀梁》而志五行,其风远自汉初,有其端绪矣。

《思务》篇有云：八宿并列，各有所主，万端异路，千法异形。圣人因其势而调之，使小大不得相○，方圆不得相干。分之以度，纪之以节。星不昼见，日不夜照。雷不冬发，霜不夏降。臣不凌君，则阴不侵阳。盛夏不暑，隆冬不霜。黑气苞日，彗星扬光。虹蜺冬见，蛰虫夏藏。荧惑乱宿，众星失行。圣人因天变而正其失，理其端而正其本。此等语即陈平所谓宰相之职在助天子理阴阳之旨也。陈平陆贾同时，宜其所言之相通矣。

丁酉岁暮，赴台北讲学，行箧匆匆，仅携陆贾《新语》一册。旅邸客散，偶加披玩，漫志所得。“怀虑”以下，则返港后新春所补成。戊戌人日钱穆识。

此稿成于一九五八年，刊载于一九六九年三月《大陆杂志》三十八卷五期。

中国古代大史学家——司马迁

——中国名人小传试作之一

中国民族，是一个具有悠长历史的民族。论中国文化之贡献，史学成就，可算最伟大，最超越，为世界其他民族所不逮。孔子是中国大圣人，同时亦是中国第一个史学家，他距今已在二千五百年之前。西汉司马迁，可说是中国古代第二个伟大的史学家，距今亦快到二千一百年。孔子《春秋》和司马迁《史记》，同是中国古代私人著史最伟大的书。

远在西周，中国人早懂得历史记载之重要，常由政府特置史官来专管这工作。那些史官是专业的，同时也是世袭的。司马氏一家，世代相承，便当着史官的职位，联绵不辍。到迁父亲司马谈，是西汉的太史令，正值武帝时。在春秋时，司马氏一家，由周迁晋，又分散到卫与赵。另一支由晋转到秦，住居今陕西韩城县附近之龙门。迁便属这一支，他诞生在龙门。

当时的史官，属于九卿之太常。太常掌宗庙祭祀，这是一宗教性的官。史官附属于太常，这是中国古代学术隶属于宗教之下的遗蜕可寻之一例。因此史官必然要熟习天文与历法。同时司马谈并研究《易经》与道家言。因这两派学说在当时,都和研究天文发生了连带的关系。

司马谈是一位博涉的学者,他有一篇有名的《论六家要指》,保留在《史记·太史公自序》中。可见司马谈博通战国以来各学派,不是一位偏狭的历史家。他的思想态度偏倾于道家,但他究是一位史学传统家庭中的人,因此他依然注重古典籍与旧文献,不像一般道家不看重历史。

司马迁出生在景帝时,那时汉初一辈老儒,像叔孙通、伏胜、陆贾、张苍、贾谊、晁错诸人都死了。汉文帝本好刑名家言。他的政治作风亦偏近于黄老。他夫人窦氏,更是黄老的信徒。景帝尤不喜儒家言。时有博士辕固生,因议论儒道两家长短,得罪了窦太后,命他下虎圈刺豕。这很像西方罗马的习俗。

但司马迁十岁时,他父亲便教他学古文字,治古经籍。因此他的学问,不致囿限在战国以下新兴百家言的圈套中。他将来综贯古今,融会新旧,成为一理想的高标准的史学家,在他幼年期的教育中,已奠定了基础。这一层,在《史记》里,他屡次郑重地提及。

他幼年的家庭生活,还保持着半耕半牧古代中国北方醇朴的乡村味。他二十岁开始作远游。《自序》说:

> 二十而南游江淮,上会稽,探禹穴,窥九疑,浮于沅湘。北涉汶泗,讲业齐鲁之都,观孔子之遗风,乡射邹峄。厄困鄱薛彭城,过梁楚以归。

这是何等有意义的一次游历呀！中国到汉时，文化绵延，已达两三千年了。全中国的地面上，到处都染上了先民故事的传说和遗迹。到那时，中国民族已和他们的自然天地深深地融凝为一了。西北一角，周汉故都，是司马迁家乡。这一次，他从西北远游到东南，沿着长江下游，经过太湖鄱阳洞庭三水库，逾淮历济，再溯黄河回西去。这竟是读了一大部活历史。远的如虞舜大禹的传说，近的如孔子在文化教育上种种具体遗存的业绩，他都亲身接触了。这在一青年天才的心里，必然会留下许多甚深甚大的刺激和影响，是不言可知了。

这一次回去，他当了汉廷一侍卫，当时官名称郎中。照汉制，当时高级官吏，例得推荐他们子弟，进皇宫充侍卫。他父亲的官阶，还不够享受此殊荣。但武帝是极爱文学与天才的，想来那位刚过三十年龄的汉武帝，早听到这一位刚过二十年龄的充满着天才的有希望的新进青年的名字了。我们可想象，司马迁一进入宫廷，必然会蒙受到武帝的赏识。

在当时，他大概开始认识了孔子十三代后人孔安国。安国也在皇宫为侍中，安国的哥哥孔臧，是当时的太常卿，又是司马谈的亲上司。司马迁因此得从安国那里见到了孔家所独传的历史宝典《古文尚书》了。他将来作《史记》，关于古代方面，根据《尧典》《禹贡》《洪范》《微子》《金縢》诸篇重要的史料，有许多在当时为一般学者所不晓的古文学新说。

大概他在同时前后，又认识了当时最卓越的经学大儒董仲舒。仲舒是一位博通五经的经学大师，尤其对孔子《春秋》，他根据公羊家言，有一套精深博大的阐述。将来司马迁的史学及其创作《史记》的精神和义法，据他自述，是获之于仲舒之启示。

他当皇宫侍卫十多年，大概是他学问的成立期。后来有一年，他奉朝廷使命，深入中国的西南角。《自序》说：

> 奉使西征巴蜀以南，南略邛笮昆明。

这一段行程，从四川岷江直到今云南西部大理，即当时的昆明。大概和将来诸葛孔明南征，走着相同的道路。这又补读了活的中国史之另一面。但不幸，他这一次回来，遭逢着家庭惨变。

当时汉武帝正向东方巡狩，登泰山，行封禅礼。这是中国古史上传说皇帝统治太平祭祀天地的一番大典礼。但武帝惑于方士言，希望由封禅获得登天成神仙，因此当时一辈考究古礼来定封禅仪式的儒生们，武帝嫌其不与方士意见相洽而全体排摈了。司马谈是倾向道家的，但他并不喜欢晚周以来附会道家妄言长生不死的方士。因此他在讨论封禅仪式时，态度接近于儒生。照例，他是太史令，封禅大祭典，在职掌上，他必该参预的。但武帝也把他遗弃了。留在洛阳，不许他随队去东方。司马谈一气病倒了。他儿子奉使归来，在病榻边拜见他父亲。

《自序》说：

> 奉使西征，……还报命，是岁，天子始建汉家之封，而太史公（指其父，下同），留滞周南，不得与从事。故发愤且卒，而子迁适使反，见父于河洛之间，太史公执迁手而泣。

接着是他父亲的一番遗命,说:

> 余先,周室之太史也。上世尝显功名于虞夏,……后世中衰,绝于余乎?汝复为太史,则续吾祖矣。今天子接千岁之统,封泰山,而余不得从行,是命也夫!命也夫!余死,汝必为太史。为太史,无忘吾所欲论著矣。……迁俯首流泪,曰:小子不敏,请悉论先人所次旧闻,弗敢阙。

看了这一段叙述,可想司马谈是一位忠诚鲠直而极负气愤的人。他很想跟随皇帝去泰山,但不肯阿从皇帝意旨。没有去得成,便一气而病了,还希望他儿子在他死后把此事的是非曲折明白告诉后世人。司马迁性格,很富他父亲遗传。他父亲临终这一番遗嘱,遂立定了他创写《史记》的决心。

谈卒后三年,司马迁承袭父职当了太史令。迁的才情,武帝早欣赏,这本是不成问题的。于是他凭借宫廷藏书,恣意翻读了五年,才开始写他的《史记》,那时他已到四十二岁的年龄。上距孔子卒岁,则整整三百七十五个年头了。在《自序》里,他自己这样说:

> 先人有言,自周公卒,五百岁而有孔子。孔子卒后,至于今五百岁。有能绍明世,正易传,继春秋,本诗书礼乐之际,意在斯乎!意在斯乎!小子何敢让焉。

这说明他的《史记》,承袭了孔子《春秋》,随续着文化传统,古经典之大义而着笔。

但不幸前后搭到七年的时期，他又遇了飞天横祸。那时一位青年将军李陵，因兵败，投降匈奴了。陵降匈奴，时年三十六。武帝本也很爱李陵才气，但他又要振厉边将气节，兵败降敌，不得不严办。在他愤闷与冲突的心情下，问于司马迁。迁与李陵在内廷同过事，他直口称赞李陵为人，说他事亲孝，与士信，常奋不顾身以徇国家之急。其素所蓄积有国士风。今举事一不幸，那些只知全躯保妻子的人，却随在后面说他坏话。他说这是一极可痛心的事。他又说：陵虽败，他的战功已足表扬于天下。他之降，或许想攫得一机会来报答。但他这番话，洗雪了李陵，却得罪了朝臣。既不主张惩罪降将，而且还牵涉到宫廷亲贵，武帝宠将，种种复杂的内幕。于是司马迁终于下了狱，定他诬罔罪。判决了死刑。但武帝存心并不要真置他死地，依照当时新法令，纳钱五十万，便可减死一等。五十万个五铢钱，只合黄金五十斤。一辈朝贵，千金万金多的是，五十金算什么呢？哪料司马迁服务宫廷，官为太史，前后将近三十年，家中竟拿不出五十斤黄金来！即有爱惜他的，哪敢无端送他黄金五十斤，招惹自身意外的不测呢？依照司马迁性格，应该痛快自杀了事。但他的《史记》还没有成书，他父亲临终遗嘱，和他毕生抱负，不许他自杀。但哪里来这五十斤黄金？而武帝爱惜他，终于减死一等了。在当时，纳不出五十斤黄金，还可请受腐刑，在他的《自序》里，和他有名的《报任安书》中，对此事曾极其愤懑纡郁的交代了。

减死一等便是受腐刑。在当时，腐刑也不算一会重大事，但迁受不了这委屈。他在《报任安书》中，再四愤慨地说，受腐刑的算不得是人,这是他自己一腔不平之气在发泄。而武帝心下则不如此想。迁受了腐刑,把他替李陵开说的一番风波平息了,立刻调用他做内廷秘书长,当时官称中书令,而且极其尊宠与信任。在武帝本爱司马迁才情,现在他受了腐刑,不该再在宗庙任职,便立地擢用他在自己近旁,他真也算得是爱才。但在司马迁,觉得此后的生命,完全是为续成《史记》而活着,其他一切则全不在他心下了。

他受腐刑还不到五十岁,大概此后还有十年以上的寿命吧!但他的中书令新职,使他整年随着皇帝到处跑,没得好闲暇。他在《报任安书》里自己说:

> 迫贱事,卒卒无须臾之间。

又说:

> 肠一日而九回,居则忽忽若有所亡,去则不知所如往。每念斯耻,汗未尝不发背沾衣。

在这样的心情下,他不可能享高寿。他的卒年是无法考定了。大概和武帝卒年差不远,六十左右便死了。他临死,《史记》仍没有完成。全书一百三十篇,字数逾五十万,有十篇拟定了题目,没完全成稿的。

《史记》成为将来中国正史之鼻祖,《史记》的体例,也为历代正史共奉的圭臬。但《史记》体例,乃司马迁一人所特创。本来史官记载,有一定的格套。孔子《春秋》和晋代汲冢出土的战国魏《纪年》,都沿袭这格套。司马迁才始破弃此格套,另创新体例。所以司马迁虽是汉代太史令,但他的《史记》并不是正式的汉史,而是一部上起黄帝下迄当世的通史。他又说:

> 厥协六经异传,整齐百家杂语。

可见他的《史记》,也并不专遵《春秋》之一经。《史记》体裁,乃是他包括融化了六经。又包括融化了六经之各种传,以及百家之杂语。举例言,公羊与左氏,便是《春秋》之异传。而《史记》则兼采了公羊之义旨与左氏之事状。又旁采了《尚书》《诗经》乃及《国语》《世本》《战国策》《楚汉春秋》等。不仅采摘了各书之内容,并融铸了各书之体裁。他的《史记》,可说是汇合了他以前一切文献著作而成书。若专就历史著作论,则司马迁《史记》实已远胜于孔子之《春秋》。

但司马迁虽自创了新体例,他的书却也不受他自创体例之拘束。这一层,引起了将来史学上不断的争议。《史记》凡分本纪十二、表十、书八、世家三十,列传七十之五类。本纪载帝系王朝之兴废,但他却为项羽作本纪,而且题目又直称为《项羽本纪》,这不是不合本纪的体例吗?

世家本是西周以来封建诸侯之国别史,但始皇以前之秦国,却列入本纪,而且和《秦始皇本纪》又分裂开来各自成篇了。这且不论。他又为陈涉作世家,陈涉并无传代,怎成为世家呢?这且再不说,他又为孔子作世家。孔子只是一私家讲学的人,司马迁何尝不知道。他之自破其例,好像不伦不类处,正是《史记》之伟大、特见精神处。可惜后来史家,很少能了解到这一点。

说到列传,更见他用心。他对古代人物只列伯夷为七十列传之第一篇,但伯夷根本无详明的史实可考!他在春秋时代特举了管仲晏婴,孟子尝说过,子诚齐人也,知管仲晏子而已矣。司马迁并不是不看重孟子。他把战国诸子大部都包括在孟子荀卿的一篇列传里。而更特地推尊孟子。西汉人极尊邹衍,邹衍的大量著书那时全存在。司马迁推崇董仲舒,仲舒学术便接近邹衍,但《史记》只把邹衍附列于孟子。而且再三申言邹衍不能与孔孟相比。汉人极尊黄老与申韩,但那时两派并不同,他却把老庄申韩同列一传,而说申韩渊源于老庄。这些处,他确能承他父亲《论六家要旨》的学风。而他的见识和衡量,又超过他父亲。他对孔子以下百家的衡评,直到现在二千年来大体还如他意见,那他的观察又是何等地深刻和远到呀!

他如是湛深于六经,如是推崇于儒家,但他并不用力来写汉代那些传经的博士们,《儒林传》不像是他喜欢写的传。至如许多达官贵人们,好多没有入传的资格。但他却费力来写《货殖传》与《游侠传》。在当时看不起那些经商发财和作奸犯科的人,他却有声有色很用力来写。甚至写到《刺客传》《滑稽传》《佞幸传》《日者传》《龟策传》。社会间形形色色,全给他活龙活现地描绘出。

因此后人批评《史记》,在其体例上,则说他疏。在其取材上,又说他好奇。但他确有极深之自负。他自己说:

亦欲以究天人之际，通古今之变，成一家之言。

这是史学的最高标准！以后蹈袭他的，未必尽能了解这标准。批评他的，同样不能尽量了解这标准。连他的书只是一种私家著作的那一点，也很少人了解。所以他要说：

藏之名山，传之其人。

因其非官书，所以可藏之名山。因其乃一家言，所以盼得其人而传。后来的正史，便很少有这样的精神了。

他书中尊称其父曰太史公，他亦自称为太史公。他死后，他的书，渐由他外甥杨恽所宣布，当时本称《太史公书》，并不称《史记》。直到东汉以后，渐称此书为《史记》，而他自己，则后人仍都尊称他为太史公。

此稿成于一九五三年，刊载于是年四月《民主评论》四卷八期。

司马迁生年考

司马迁生年向有两说。一张守节《正义》云:太初元年,迁年四十二岁,则当生于景帝之中元五年。一司马贞《索隐》引《博物志》,太史令茂陵显武里大夫司马迁,年二十八,三年六月乙卯,除六百石。此指元封三年初继职为太史令时。依此推溯,应生于武帝建元之五年。两说前后相差凡十年。众家旧说,皆从《正义》。老友施君之勉独据《索隐》,以《报任少卿书》,仆赖先人绪业,得待罪辇毂下二十余年矣一条为证。张维骧《太史公疑年考》,已先举此为说。然张考实多无理,不足信。我近作《司马迁新传》,仍依《正义》,循旧说。施君远自台南,遗书讨论。因重述我取舍意见,草为斯篇。

二字与三字,古书常易讹写。《索隐》二十八,当系三十八之误。四字古或作亖,亦易讹写成三字,但三字讹成亖字,机会不易。王国维《观堂集林·太史公行年考》亦云:三讹为二,乃事之常。三讹为四,则于理为远。今考武帝时郡国豪杰徙茂陵,前后三次。一在建元二年,一在元朔二年,一在太始元年。若依

《索隐》，迁生建元五年，其时尚在夏阳之龙门。元封三年已为太史令，其时早已居住茂陵之显武里。则迁之徙茂陵，定在元朔二年。依《正义》，是年迁十九岁，翌年即出外远游。依《索隐》，是年迁九岁。但迁之自叙明说：

> 迁生龙门，耕牧河山之阳。

十岁幼童，如何说耕牧河山之阳呢。这是第一证。

《封禅书·赞》：

> 余从巡祭天地诸神名山川而封禅焉。入寿宫，侍祠神语，究观方士祠官之意。

考《封禅书》：

> 文成死明年，天子病鼎湖甚，……上郡有巫，病而鬼神下之，上召置，祠之甘泉。及病，使人问神君，神君言曰：天子无忧病，病少愈，强与我会甘泉。于是病愈，遂起幸甘泉，病良已。大赦，置酒寿宫。神君。……非可得见，闻其言，言与人音等。时去时来，来则风肃然，居室帷中。时昼言，然常以夜。……其所语……无绝殊者，天子心独喜。其事秘，世莫知也。

《通鉴》定其事在元狩之五年。赞语所指，即此事。若依《正义》,迁年二十八,时已为郎中,故得从巡祭天地鬼神。若依《索隐》,迁年仅十八,尚未为郎中,便无从驾巡祭之资格。这是第二证。

《游侠传》:“郭解家徙茂陵,其客杀人,御史大夫公孙宏议曰:解布衣,为任侠行权,以睚眦杀人,当大逆无道。遂族郭解。”公孙宏为御史大夫在元朔三年,至元朔五年,任丞相。可见郭解徙家茂陵,亦定在元朔之二年。若依《正义》,是年迁十九岁,即在茂陵认识了郭解。他曾说:

> 吾视郭解,状貌不及中人,言语不足采者。

若依《索隐》,公孙宏为丞相时,迁仅十二岁,尚在童年。这应在此以前便认识了郭解。而谓解貌不及中人,言语不足采,这些观察,似乎又与十龄左右的年岁不相称。这是第三证。

李广自杀,在元狩之四年。迁曾见李广,他说:

> 余睹李将军,悛悛如鄙人,口不能道辞。

迁与广相识,断在元狩四年前。若依《正义》,元狩四年,迁年二十七。依《索隐》,迁年十七。十七岁以前的青年,也不能定说无机缘认识到李广,但那样的观人于微,似乎放在过了二十以后人身上更相称。这是第四证。

同样的理由,迁奉使西征,从巴蜀到昆明,依《索隐》,当年二十六。继职为太史令,当年二十八。这也未尝不可能。若依

《正义》，迁三十六奉使，三十八为太史令，似乎在年龄上更近情理些。这是第五证。

按：史公《报任安书》："仆今不幸，早失父母。"或疑三十六丧父，不得云早。不悟早字系指自丧父下逮修书及二十年言，史公特谓在二十年前已失父母，故云早失也。又迁《报任少卿书》：

> 仆赖先人绪业，得待罪辇毂下，二十余年矣。

依旧说诸家之考订，《报任安书》应在征和之二年。施君据王静安《太史公行年考》，《报书》在太始四年，因云若迁生景帝中五年，至武帝元朔三年为二十岁，四年二十一岁，游历归为郎中，下至太始四年已三十三年，岂得云待罪辇毂下二十余年耶？今考迁之《自叙》：

> 二十而南游江淮，上会稽，采禹穴，窥九疑，浮于沅湘，北涉汶泗，讲业齐鲁之都，观孔子之遗风，乡射邹峄，厄困鄱薛彭城，过梁楚以归，于是迁仕为郎中。

他这一次出游，所经历甚广，再看《史记》各篇，叙述到他在各地之访问与考察，都极精详。决非短期间所能。我们先不能判定他一年即归，又不能判定他归后立即为郎中。我们只能说他为郎中在远游西归之后，却不能说定在哪一年。但元狩五年他二十八岁时，必然已仕为郎中了。（说见第二证。）循是下算至征和二年《报任安书》，那年迁五十五岁，前后共搭上二十八年。纵使他再早一年为郎中,也不够作推翻《正义》的根据。(若依王氏说,则《报任安书》,又提前了两年,更不成问题。)

据《汉书·儒林传》:孔氏有《古文尚书》,孔安国得之,安国为谏大夫,司马迁从安国问故。汉廷初置谏大夫,在元狩五年,那时司马迁已仕为郎中,与安国同在宫廷,向之问故,当即其时事。若依《索隐》,迁是年仅十八,天才夙悟,不能说他无向安国问故之资格。但二说相较,仍似《正义》较近情。

董仲舒为胶西王相,在元朔五年,免归家居,在元狩二年。仲舒家亦在茂陵,其免归居家,依《正义》,值迁二十五岁时。迁于仲舒处获闻《春秋》大义,亦当在此后。若依《索隐》,其时迁年仅十五,获闻《春秋》大义,应在二十远游前,此亦非不可能,而仍似依《正义》说为允。

太初五年,司马迁与壶遂等定律历,是为太初历。律历天官,自古属专家之术业。依《正义》,是年迁四十二岁。依《索隐》,是年迁三十二岁。两说均可通,而仍似依《正义》为较允。

司马迁草创为《史记》,亦始于太初之元年。其所记载,先亦以至太初为限断。故高祖功臣表序曰至太初,《自叙》云至太初而迄。迁既是一天才,三十二即著书,事非不可能。即以从事著作之年为其书内容之限断,事更无足怪。惟若依《正义》,草创为《史记》,迁年四十二,所学已成熟。年事亦稍高,故其书预定体例即以太初为限断,实亦较依《索隐》三十二岁之说为更允。至张维骧《太史公疑年考》,即定史公年四十二岁,卒于武帝后元元年,语更远实,兹不再论。

根据上述第一第二第三证,断当依《正义》。根据第四第五证,《索隐》《正义》两说俱可通,而依《正义》为较合。此外待罪辇毂下二十余年一条,只不确说迁仕为郎中在二十一岁时,《正义》仍可通。而考之迁之学问著作与师友之关系,其与孔安国董仲舒壶遂诸人之交游,皆似据《正义》较据《索隐》为更惬。总之《索隐》《正义》两注必有一讹字,详为斟酌,应该说讹在《索隐》,不讹在《正义》。所以我草写《司马迁新传》,在没有更新的发现以前,宁仍沿袭了众家旧说,依据《正义》,认为《索隐》二字乃三字之讹写。

此稿成于一九五三年,刊载于是年

六月《学术季刊》一卷四期。

太史公考释

《汉书·艺文志》春秋家《太史公》百三十篇，冯商所续《太史公》七篇，《汉·著记》百九十卷。《著记》者，汉室之官史，谷永所谓八世著记，久不塞除。后汉刘毅云，汉之旧典，世有注记，是也。《太史公》则司马迁一家之私书，当与孔子《春秋》齐类，不当与《鲁春秋》《晋乘》《楚梼杌》相例。故其书称《太史公》，犹孟轲自称孟子，其书因亦称《孟子》，荀况自号荀子，故其书亦称《荀子》云耳。

《汉书·杨敞传》，敞子恽，恽母司马迁女也。恽始读外祖《太史公记》，颇为《春秋》，以材能称。《史记·龟策传》，褚先生曰：臣以通经术，受业博士，幸得宿卫，窃好《太史公传》。《后汉·东平王传》，王上疏求诸子及《太史公书》。此或称《太史公记》，或称《太史公传》，或称《太史公书》，皆非正称。《太史公书》者，犹云诸子书，孟子老子书，若正名以称，则应曰《孟子》《老子》《太史公》，不得加书字。至曰记曰传，则举一偏以概，更非其书之本称。《后书·范升传》，时难者以《太史公》多引《春秋》,升又上《太史公》违戾五经谬孔子言,此始为其书之正称矣。《杨终传》,终受诏删《太史公书》为十余万言,此亦随文增列书字,不得据谓其书之本称。至《史记》之名,梁玉绳谓当起于叔皮父子,观《汉书·五行志》及《后书·班彪传》可见。其说殆是也。

然则迁又何以自称为太史公?考其《自序》,盖本以称其父。《自序》之言曰:

> 喜生谈,谈为太史公,……太史公仕于建元元封之间,……太史公既掌天官,不治民,有子曰迁,……仕为郎中,奉使西征,……还报命,是岁,天子始建汉家之封,而太史公留滞周南,不得与从事,故发愤且卒,而子迁适使反,见父于河洛之间。太史公执迁手而泣,曰:予先,周室之太史也。……后世中衰,绝于予乎!汝复为太史,则续吾祖矣。今天子接千岁之统,封泰山,而余不得从行,是命也。……余死,汝必为太史,为太史,无忘吾所欲论著矣。……余为太史,而弗论载,废天下之史文,余甚惧焉,汝其念哉!迁俯首流涕曰:小子不敏,请悉论先人所次旧闻,弗敢阙。卒三岁,而迁为太史令。

按《汉书·百官公卿表》,太史令,六百石。《集解》《索引》引《茂陵书》,谈以太史丞为太史令。又《索隐》引《博物志》,太史令茂陵显武里大夫司马迁,年二十八,三年六月乙卯,除六百石。《汉书·李陵传》,亦言太史令司马迁。核此诸证,谈为太史令,迁袭父职,史文确凿,无可疑者。太史令简称则曰太史,不曰太史公。

《武帝纪》,天子郊雍,有司与太史公祠官宽舒等议。《封禅书》亦言,有司与太史公祠官宽舒议。又太史公祠官宽舒等曰。《汉志》太史公皆作太史令谈。钱大昕曰:迁不著名,为父讳也。其说甚是。而虞喜《志林》,谓古者主天官皆上公。自周至汉,其职转卑,然朝会坐位,犹居公上,尊天之道,其官属仍以旧名,尊而称公。如淳引卫宏《汉仪注》,谓太史公,武帝置,位在丞相上,天下郡国计书,先上太史公,副上丞相,语皆不足信。即证之迁《报任安书》,亦谓:

> 仆之先人,非有剖符丹书之功,文史星历,近乎卜祝之间,固主上所戏弄,倡优畜之,流俗之所轻也。

又曰:

> 乡者仆亦尝厕下大夫之列,陪外廷末议。

此自述父子为太史令时官阶职任,语甚显白,安有如虞喜卫宏之所云云耶?

迁之尊称其父曰太史公,又见于《报任少卿书》首句,曰:太史公牛马走司马迁再拜言。李善曰:太史公,迁父谈也。走犹仆也。言己为太史公掌牛马之仆,自谦之辞也。姚鼐曰:公乃令之误。称太史令,犹后人之列衔。称牛马走,犹后人称仆称弟之类。然古人书牍，固无自列官衔之例。且班书明云，迁既被刑之后，为中书令。故人任安予迁书云云。迁书亦自言之，曰：

> 乡者仆亦尝厕下大夫之列，陪外廷末议，不以此时引维纲，尽思虑，今已亏形，为扫除之隶，在阘茸之中。

是迁《报书》时为中书令，不为太史令，姚说进退失据。故知此处太史公三字，尊称其父，当如李善之说。然何以与友人书而自称为父仆，此义诚费解。故班书存录此文，独削去其首句太史公牛马走六字。顾不知此六字，乃迁此文最要用意之所在，非偶尔浮文也。请试粗陈其大意。

盖迁之发愤为《史记》，由于其父临终之末命。谈为太史令，主天官，职比卜祝，礼官大夫，而朝廷封禅盛典，顾摈不预。《封禅书》谓：武帝初与诸儒议封事，命草其仪，及且封，尽罢诸儒不用。盖谈之留滞周南者以此，其临死而命其子无忘吾所欲论著者亦在此。故迁之《自序》曰：

> 余尝掌其官，废明圣盛德不载，灭功臣世家贤大夫之业不述，堕先人所言，罪莫大焉。于是论次其文，七年，而遭李陵之祸，幽于缧绁，乃喟然而叹曰：是余之罪也夫，是余之罪也夫。

是迁之作《史记》，明由其父之遗命。及遭罪下狱，所以隐忍不死，亦仅欲以完成其父之遗志云尔。故曰：

草创未就，适会此祸，惜其不成，是以就极刑而无愠色也。

顾迁之《报任安书》，所以极愤慨激宕之情辞，而回环纡郁，成为千古之至文者，盖犹有其一段不获畅言之隐痛，而不幸未为后人所抉发。盖迁之进辞而获罪，武帝虽一时疑怒其沮贰师，袒李陵，而亦未尝不爱其才。久而识其忠，谅其直，隐且欲大用之。故虽论迁以死罪，而复许其自赎。而其间曲折，乃不幸为史书所不详。考汉制，死罪许赎免，始见《惠帝纪》及《淮南传》。其次即在武帝时。《汉纪》:天汉四年，秋九月。令死罪人赎钱五十万，减死一等。又太始二年，秋九月，募死罪人赎钱五十万，减死一等。此两事文同年近，盖重出。据萧望之传引，此令当定在天汉之四年。而李陵降匈奴，在天汉二年冬，其军人有脱至边塞者，边塞以闻，群臣争言陵罪，武帝始以其事问迁。疑迁盛言陵之不死，宜欲得当以报，其事当已在天汉之三年。故迁之《自序》曰:迁为太史令五年而当太初元年，又七年而遭李陵之祸，幽于缧绁，自太初元年下七年，正天汉之三年也。然不久，武帝即悔陵之无救，又遣使劳赐陵余军得脱者，疑是年迁未必即判罪。时李陵家属亦下狱，固亦未定罪也。翌年天汉四年，春，武帝又大发兵击匈奴，并命公孙敖深入迎陵。是武帝其时尚以迁言为信。及敖军无功还，因曰，捕得生口，言李陵教单于为兵，以备汉军，故臣无所得。于是武帝遂族陵之家属。疑迁得死罪，亦在其同时。则迁前后系狱时必久，若下狱即腐刑，其《自序》不曰幽缧绁，《报任安书》，亦无所谓积威约之渐矣。而不久闻教单于者,乃李绪,非李陵,陵亦使人刺杀绪。武帝于时殆复内悔,疑迁之获免于死当因此。则天汉四年秋出五十万减死一等之令,殆为迁而发也。荀悦《前汉纪》,叙下迁腐刑于族陵家属后,较班氏为密矣。而仍叙陵刺杀李绪事于后则仍未尽。又叙公孙敖深入匈奴更在后,则更失之。要之书缺有间,已不可详定。而此之所疑,则实有可得而微论者。

又《武纪》,翌年,太始元年春正月,因杆将军公孙敖坐妻为巫蛊腰斩。据《卫霍传》:敖击匈奴至余吾,亡士多,下吏当斩,诈死亡,居民间五六岁,后觉复系,坐妻为巫蛊族。巫蛊事在征和之二年,而公孙敖之下吏当斩,则在太始元年春,其罪名为亡士多。殆武帝内憾于误听敖流言族陵之家属,而又不明襮敖罪状,乃以亡士多斩之。则迁之获免死,下蚕室,亦在天汉太始间,正可据敖之下吏当斩而旁推矣。

且迁之判死罪,于其《报任安书》,已明白有证验。其《书》曰:

> 明主不深晓,以为仆沮贰师而为李陵游说,遂下狱。拳拳之忠,终不能自列,因为诬上,卒从吏议。

是迁所坐为诬罔罪。《汉书·李陵传》又明言之,曰:

> 上以迁诬罔,欲沮贰师,而为陵游说,下迁腐刑。

此迁下狱后判得诬罔罪,确无可疑者。今考《杜延年传》有云:诬罔罪皆坐大辟。如《武纪》,元鼎元年,栾大即坐诬罔罪腰斩。

又《隽不疑传》,夏阳人成方遂,诈称卫太子,诬罔不道,腰斩。《李寻传》诬罔不道,皆伏诛。《外戚恩泽侯表》,朱博建平二年坐诬罔自杀,王嘉元寿元年罔上下狱瘐死。《百官公卿表》始元元年,司隶校尉李仲季主为廷尉,坐诬罔,下狱弃市。此皆汉律诬罔当死之实例。吏议迁既坐诬罔,其当死不待论。故迁《书》又言之,曰:

> 家贫,货赂不足以自赎,交游莫救视,左右亲近不为一言。

考之汉律,惟死罪有赎免。《汉书·萧望之传》,张敞上书,请诸有罪得入谷赎,为朝议所反对。萧望之曰:如此则富者得生,贫者独死,是贫富异刑而法不一。闻天汉四年常使人死罪入五十万钱减死一等,豪强吏民请托假贷,至为盗贼以赎罪,此使死罪赎之败也。遂不施敞议。是宣帝时死罪许赎已久不行。若死罪以下,西汉固无赎免之先例。故张敞亦无以自坚其所主。则迁之所谓家贫不足以自赎,指死罪,不指腐刑,又断然矣。《文选》唐五臣吕向注云:汉制,死罪许纳百金赎。此语不详其何据。然固明知迁之所谓自赎者,指死罪,不指腐刑。古注所以为可贵也。

抑且迁《书》又明言之,曰:

> 假令仆伏法受诛,若九牛亡一毛,与蝼蚁何以异,而世俗又不能与死节者次比,特以为智穷罪极,不能自免,卒就死耳。

果非死罪,何以曰伏法受诛乎?又按宣帝后父许广汉,亦以腐刑减死一等,推其年岁,正与迁略同时,或亦援天汉四年令。然则迁之以是年自请腐刑免死,殆近是。而《汉书·李陵传》,仅言下迁腐刑,又叙其事于遣因杅将军公孙敖深入匈奴迎陵事之前,此乃史文省略,举其竟而言,旧史如此等例者甚多,似不宜一一尽拘也。

又按汉制以腐刑免死,其事始见于景帝之中四年,作阳陵,赦死罪,欲腐者许之。及东汉尤屡见。光武二十八、三十一年,明帝八年,迭有死罪募下蚕室令。章帝七年诏,犯殊死,一切募下蚕室,其女子宫。赎死罪,入缣二十匹。班固且有其罪次于古当生,今触死者,皆可募行肉刑之议。此肉刑即指腐刑言。《外戚传》,许广汉下狱当死,有诏募下蚕室。视此诸例,募下蚕室,不复须赎金。《盐铁论·周秦》篇有云:今无行之人,一旦下蚕室,创未愈,宿卫人主,出入宫殿,得由受俸禄,食太官享赐,身以尊荣,妻子获其饶云,是汉制,腐刑不仅免死,又得侍卫宫廷也。迁之下蚕室,免死罪,乃由其终无以自赎,乃自乞腐刑以免死,大体可推。故其书于货殖游侠诸传,特深致其往复低徊不能已之情。而一言及于腐刑,则益增其愤懑郁结,盖诚有不欲究言之隐痛。而后世读其书者,竟不幸漫忽而不省。今特详为抉发,亦以见当时一朝之法制,与夫迁受刑之曲折,必如是而庶可以进窥《报任安书》之微旨,及其言外之深意,而篇首之六字,乃有可得而说者。

盖腐刑之在古代,初未见为甚辱。赵高为秦宦者,为中车府令,行符玺事。嗣为郎中令,任用事。迁受宫刑,为中书令,班书亦称其尊宠任职。时士流为郎者,亦同在内廷,与宦者未甚分品。郎中令中书令皆职分清要,故任安遗书,责以推贤进士,固不以受宫刑加鄙耻。而迁之《报书》,则别有其衷曲。彼固不以免一死为幸,更不以任显职为荣,其书中独反复极言受宫刑之为奇耻大辱,若不得复比齿于人数。此盖自抱愤郁之激辞。而后世不深晓,遂深鄙宦者,若自古而固然,而不知其实亦由迁此书而始也。而迁之所以如此,则特以深泄其自乞宫刑而幸免于一死之愤慨,深见其所以自乞宫刑而求免于死者,其用意特在于史书之未成,父命之未就。故于篇首又特举太史公牛马走六字,亦所以深白其偷生忍辱之隐衷。此迁已自言之,曰:

所以隐忍苟活,幽于粪土之中而不辞者,恨私心有所不尽,鄙陋没世而文采不表于后世也。

读者由是求之,乃可以窥见此书之作意,而太史公一书之为私家著述,又可继此而复论。

迁《报任安书》中列举文王仲尼屈原左丘孙膑不韦韩非诸人,其书,皆私家著述也。故曰:

仆诚已著此书,藏之名山,传之其人,通邑大都,则仆偿前辱之责,虽万被戮,岂有悔哉?

此已明说其书为私家之述作,而岂史官注记之谓乎?若其书为官史,则迁既续父职,责任所在,无所逃卸,何以其父临终遗命,乃曰无忘吾所欲论著，而迁亦曰：小子不敏，请悉论先人所次旧闻乎！即此可知记注为官史，而论著乃家言，体例判然，断非一事矣。故迁之为此书，实不因其任史官，其书亦不列于官府，故曰：藏之名山，传之其人，则其书义法，自不限于官史之成制。

故曰：

> 亦欲以究天人之际，通古今之变，成一家之言也。

此所谓家言者，正以明其非官书。官书者，《汉志》谓之王官之学，家书乃《汉志》所谓百家九流。此乃古人著书之大例，而后世昧其辨。然亦必先明于《史记》之为家言非官史，而后迁书之自称为太史公者，乃可以得而明。

盖古者私家著述，无不自居于尊号。自孔门《论语》称孔子，后人递相传袭，忘其本初，因若当然。《白虎通》云：子者，丈夫之通称。马融赵岐亦皆谓子者男子之通称。然此皆后汉人之云耳。昔者孔子弟子谓其师贤于尧舜，谓自生民以来所未有，宁有记述其师遗训，顾以男子通称称之？试读《左氏传》，则子者当时小国诸侯及列国贤卿大夫始称之，此乃王朝尊爵，何尝为凡夫之通称哉？迁以太史公尊其父，既仍袭父职，又其著书，自拟于孔子之《春秋》，亦欲成一家之言，故复以太史公之号自尊，此乃先秦家学著书惯例，而后世勿知者，盖家学之微，固自迁时而然矣。

桓谭《新论》谓太史公书成，示东方朔，朔为平定，因署其下太史公者，皆朔所加。不知《太史公书》，迁死后始稍出，宣帝时始宣布,朔安得先见?韦昭谓《史记》称迁为太史公,是其外甥杨恽所加。然一部《史记》,迁自称太史公处,何胜缕举?若尽恽所加,试一一抹去,势将不复成文理。知韦说亦臆测。卫宏以太史公为武帝时官名,已辨于前。而孔融告高密县有云:昔太史公,廷尉吴公,谒者仆射邓公,皆汉之名臣,世嘉其高,皆悉称公。不悟吴公不称廷尉公,邓公不称仆射公,太史公不称司马公,岂得一例为说?若谓世嘉其高,乃因其所自尊而尊之,故孟轲终称孟子,马迁终称太史公,始差仿佛。钱大昕又谓太史公以官名书,不悟以官名书则当称太史令,不当称太史公,而况迁书之明明为私家著述乎?近儒李慈铭则曰:太史公自是当时官府通称,非官名,亦非尊加,如后世之称太史氏,非有此官名也。流俗相沿,如晋之中令称令君,唐之御史称端公,不必以其尊官。不悟晋唐俗称,未可以例先汉。抑且太史公若果当时官府通称,迁不当以官府通称称其父,漫无所尊异。凡此皆不明《史记》乃私家著作,而古代家言,例有自尊之称号,故左右曲说,而终不获其正义。惟褚少孙补《史记》,自称褚先生,殆为犹知太史公称号之微旨者。

昔孔子作《春秋》,而曰《春秋》者,天子之事,知我者其惟《春秋》乎?罪我者其惟《春秋》乎?又曰:其文则史,其义则丘窃取之矣。下逮汉世,《春秋》列六艺,而《论语》入小学。盖古者王官之学,其体莫尊于史,在汉季惟刘歆通其意,后代惟章学诚知其说。故以家言而上替官学,其事亦莫大于著史。而自孔子以下,若左丘明铎椒虞卿吕不韦陆贾之徒,虽袭响蹈影,而终无当其实。即董仲舒亦复尔。自非迁之卓卓,《春秋》渊微,几乎湮绝。班氏断代为史，遂以私家著述，成为官史之正宗，其貌犹规模乎龙门，而其神已违离乎孔马。陈寿益卑卑，范蔚宗庶所谓心知其意者。继此而往，更无足论。独有宋欧阳修为《新五代史》，始欲远有所追踪，而后世终弗能继。章学诚《文史通义》遂成千载一眼，而仅亦规规于方志，才情意气，不足以自赴其所识。继今而往，谁为胜此绝学之重光乎？因论《太史公书》体例，不禁有天地悠悠之慨。

清儒包世臣论迁《报任安书》，自谓独探秘奥，谓：

> 推贤进士，非少卿来书中语，史公讳少卿求援，故以四字约来书之意，而斥少卿为天下豪隽以表其冤。中间述李陵事，明与陵非素相善，尚力为引救，况少卿有许死之谊乎？实缘自被刑后，所为不死者，以《史记》未成之故。是史公之身，乃《史记》之身，非史公所得自私。史公可为少卿死，而《史记》必不能为少卿废也。结以死日是非乃定，则史公与少卿所共者，以广少卿而释其私憾。是故文澜虽壮，而滴水归源，一线相生，字字皆有归着也。

今按：任安获罪，因巫蛊之狱，时安为北军使者，坐受戾太子节，当腰斩，而班书称故人益州刺史任安予迁书云云，似安通书在其获罪前，包氏臆测未知果信否，然其言亦足发明书首太史公牛马走六字之用意，爰附着于此，备一说焉。

> 余夙爱诵司马迁《报任安书》，去秋某夜，偶于枕上忆

诵,忽悟藏之名山传之其人两语,因牵连悟及其时迁已为中书令,篇首太史公三字必指其父,遂又悟及家贫不足以自赎,当系指死罪。是夜思绪潮起,踊跃兴奋,几乎通宵不寐。翌晨。冗务脞集,又因手边无书,因循未能属草。然凡此诸端,时时往来于心中。至今年春,偶捉暇成此稿,然苦乏书籍,即王先谦《汉书补注》,亦从人借阅,而仅得其半部。稿成两月,又有疑,重借《汉书补注·武帝本纪》一卷,而司马迁传早已缴回。近人著作,如王国维《太史公行年考》等,均未参究。然荦荦大端,自信发前人所未发,抑多班固荀悦所未详。而太史公书乃家言,非官学,实为此篇最大创见,其关于中国史学史之贡献者甚大,惜乎限于行文体裁,不能于此多所阐论,容后当再更端畅言之。一九五三年五月再定稿后又记。

此稿成于一九五三年,刊载于是年六月《学术季刊》一卷四期。

刘向《列女传》中所见之中国道德精神

予曾撰《春秋时代人之道德精神》篇，此篇则专拈刘向《列女传》，取与前文相阐证。

宗教家信仰在人生世界外另有一世界，而此世界又非自然界。宗教家认为人生界乃由此一世界降生，又须回到此一世界归宿。中国古人似无此信仰。因认人生只限此一世界。纵信人死有鬼，鬼世界则仅为人世界之延长或余波。故孔子曰：不知生，焉知死。庄子曰：善我生者乃所以善我死。死生一贯之说，为儒道两家之所同。而中国人道德精神之发挥，则为儒家所独擅。我所谓中国人之道德精神，亦可谓是一种善我生之精神也。何以善我生？莫要在使心安。但换辞言之，亦可谓善我死即所以善我生。因死之一刹那，同时仍即是生之一刹那。若使我在此死之一刹那间心得安，岂非善我死仍是善我生乎？若使此一刹那间心得安，此一刹那后我心更无不安。是此一刹那之心安，即是使我毕生心安也。故曰善我死即是善我生，死生一以贯之，此即中国人最深至之一种道德精神也。

抑且自个人言,我之死,我之生命已终。而自大群言,则人类生命固依然尚在。人之心,亦犹如我之心。我之死,我心虽无知,人之心则犹有知。若使人之生者视我之死而觉其为不可安,此则仍是我心之未得其所真安也。故不善其死而死,仍不可认为得心安。人固不可以苟生,亦不可以苟死。孔子曰:朝闻道,夕死可矣。若生不闻道,是苟生也。若死未当道,是苟死也。中国人之道德精神,固不有死生之别,亦曰求吾心之所安而已。则亦曰求我行之不苟而已。

此种精神,固可由学者作甚深之讲究。然此种行为,则并非由学者讲究而来。愚夫愚妇,与知能行,故曰此道乃大道,此德乃同德也。我前述春秋时代人之道德精神,首先着眼于死生之际,今试再就《列女传》中此等事略论之。

一　鲁秋洁妻

此即近代相传秋胡戏妻之故事也。此一故事,在中国社会流传已逾两千年,今仍保留于戏剧中,可谓深入人心。在当时,秋洁妻以一死觅心安,而直至近代,吾人对此故事,仍为之低徊流连,感叹欣赏而不置,此所谓于吾心有戚戚也。否则匹夫匹妇,自经于沟渎之间者不少矣,何秋洁妻之独不朽而常在耶?

此故事大略谓秋胡子纳妻五日而去之官。五年乃归,路见妇人采桑,秋胡子悦之,下车休桑荫下餐,且解赍中金,欲纳之妇,妇拒不纳。秋胡子至家,奉金遗母,唤其妻出,乃向采桑妇也。秋胡子大惭。其妻责以大义,遂离去,投河而死。

此故事,若就近代风俗言,似有不可解者。然当知风俗变,道德行为可以随而变,而人类之道德心情与道德原理则并无变。古书载异俗有父母死,挂尸林间,令飞鸟啄食之尽,则死者可升天。以今论之,此若大愚。然当知道德无愚智。若略迹论心,悬尸林间,其心亦求死者之升天,此亦一种孝心也。人子之孝其亲,其心乃出于天赋,无间智愚。惟文化渐开,智识渐通,风俗转移,所为亦变。然亦求能善达此心而已,非有他也。故道德论居心。居心既同,则不得异俗相訾矣。

中国古代,男女婚嫁,不经当事人之自由,然固不得谓当时夫妇间遂无情爱可言也。洁妻嫁夫五日而其夫外出,守之五年,桑织以养姑,其心固日夜盼其夫之早归。今秋胡子之归,乃忘其妻而悦及路旁之桑妇,其妻之心伤为何如乎?

或曰:夫苟不良,何不改嫁?在当时,亦并非无改嫁之俗。洁妻之去,曰:妾不忍见子之改娶,然妾亦不嫁。谅秋胡子在当时,何尝不指天为誓,自申无他意,以求妻之恕己。抑且秋胡子见桑妇而悦之,心虽不知是其妻,然其心所悦,则确是其妻也。人逢所悦,又知适是其妻,岂不更可悦乎。然秋胡子终不免知是其妻而心生惭疚者,以彼当时所悦,在彼心中,固谓是一路旁妇人也。新婚乍别,已五年矣。方其归,乃悦及路旁之妇人,此为心忘其妻矣。则宜乎秋胡子之见其妻而心惭不安也。此一心惭,亦即是一种道德心情矣。

洁妻待其夫五年,行路一男人,悦其貌而献之金,其心曾不为动,其心中则仅知有夫耳。及知行路悦己者实即己夫,若仅就事论,岂非夫之所悦即是己之自身乎?然若就心论之,在洁妻心中,此五年来,固已若不知有己,而仅认己身为秋胡子之妻矣。今秋胡子,乃悦一路旁妇人,非悦己妻也。此非洁妻之心之所能受。故论中国人之道德精神者,必于其内心求之,必于其内心之所深切想望期向者求之。中国人既重视此心,乃始有所谓诛心之论。洁妻之责其夫,亦一种诛心之论也。中国人又有所谓名分观,当知名分亦非外在,乃在于认肯此名分者之内心。

古语相传,忠臣不事二君,烈女不事二夫。今人不深求其旨义,遂若道德即由名分而起,亦为名分所规定。然若就当事人之内心真情言,则有甚不然者。屈子《离骚》,每以男女之情拟君臣,夫亦以两者之间则诚有其相似耳。屈子在当时,亦何尝不可去而之齐之赵,而何必憔悴抑郁,终以沉湘自杀乎?曰:此乃屈原之自无奈其一番对君之至忠,正犹如洁妻之自无奈其一番对夫之至情也。《诗》有之曰:我心匪石,不可转也。彼两人既已一往情深,一旦欲其取消己心,其所感之苦痛,乃有甚于取消己生之所受,故遂不惜一死以觅心安也。而后世人之感慨欣赏于此两人者,夫亦曰至性真情,自有同感耳。此非宗教,非法律,更非风俗习染,而岂得谓有一人焉,定此名分,制此礼教,而强人以必从乎?故遇此等事,实非谓之为是一种道德精神而不可。

然此所谓人之真性至情者,亦不如近人所言之理性,复不如近人所言之感情,此乃人类行为之全心而发,而诚见其有不可以已者。又推之人人之心,而复见其有所同然者。故以谓之人类之性情。惟同有此性情,不必同有此行为,故其至性真情之流露而表达之于行为者,遂谓之是一种道德精神也。

二 京师节女

此故事在西汉。其夫有仇,欲报其夫而不得间。闻女仁孝,乃劫其父,使强女为谲。女不听,则杀父。听之,则杀夫。计惟以身当。乃佯许诺,曰:旦日,在楼上,新沐东首卧者,则是矣,当开户牖以待。还,使其夫卧他所,自沐居楼,东首开户牖而卧。夜半,仇家至,断其头持去。明而视之,则其妻之头也。仇人哀痛之以为有义,遂释其夫不杀。

此故事乃与清代吴凤之故事绝相类。吴凤闽人,侨居台湾,为汉人与高山族人作通译。高山族人绝敬爱之。高山族祖俗相传,每年必猎人头以祭。吴凤戒劝之,谓汝曹所猎人头尚多,年祭一头,可勿再杀人。高山族听其劝,四十余年不杀人,而旧所猎人头已尽,欲复杀,告吴凤。凤苦劝不可,乃曰:诚不得已,于某日黎晨,见有蒙红巾行某道上者可杀,余则慎勿杀。高山族人许之。时吴凤年已七十余,蒙红巾,夜出某道,矢猬集而死。高山族人取其头,乃知凤也,大悲恸。自是猎头之风遂绝。至今台中嘉义有庙祀吴凤。余初履台,台人称道凤,亲往其庙拜焉。

是西汉京师节女之身虽死,其一段至性真情,实为人类所共有,机缘触发,仍得复演。吴凤之所欲救,与此节女,公私虽异,其心则一。凤之死,正如节女之复活。此心不死,则此一番道德精神即常在天壤间。此两人,平日皆非诵诗书,论仁义,讲道德。一在天之角,一在海之涯,相距两千载,而居心行事有暗合焉,此真所谓易地则皆然也。故曰人类之道德精神,实自人类天赋之至性真情中来也。

三　郃阳友娣

此亦汉代事。其兄与其夫为争葬父事,其夫与友某阴杀其兄。友独坐死,夫会赦免,以告妻。妻曰:嘻!今乃语我乎!问所与共杀兄者。曰……已死,我独当之。汝杀我而已。曰:杀夫不义,事兄之仇亦不义。夫曰:吾不敢留汝,愿尽家中财物,听汝所之。妻曰:与子同枕席,而使杀吾兄,兄死又仇不报,何面目复生。其夫惭而去。友娣有三子女,告其长女曰:汝父杀吾兄,义不可留,又终不复嫁矣。吾死,汝善视两弟。遂自经。

美国心理学家詹姆士尝谓人类有软心肠硬心肠之别。中国古人所谓恻隐之心,不忍人之心,之一种仁心,即詹氏所谓软心肠之类也。友娣不忍其兄之见杀,又不忍手刃其夫,复不忍去夫再嫁,乃终至于忍弃其三子女而自尽。故中国人之道德精神,乃多于仁至中求义尽,亦可谓是一种软心肠之道德也。孔子曰:仁者必有勇。若谓软心肠即是弱者,是仅求义尽,不务仁至,而所谓义者亦非义矣。

四　代赵夫人

赵简子女,襄子姊,代王夫人。简子既葬,未除服。襄子诱代王,使厨人持斗行斟,击杀之。因举兵平代地,而迎其姊。其姊曰:以弟慢夫,非义。以夫怨弟,非仁。吾不敢怨,然将奚归!

遂磨笄自杀。此与郃阳友娣事有相类，亦可谓于仁至中求义尽也。

五　鲁义姑姊

鲁义姑姊者，鲁野之妇人也。此事当在春秋时。齐攻鲁，至郊，望见妇人抱一儿，携一儿，军且及，弃所抱，抱所携而走。齐将追及而问之，曰：所抱，妾兄之子。所弃，妾之子也。力不能两获，故弃之。曰：母子之亲，痛甚于心，何释己子而反抱兄之子？曰：己之子，私爱也。兄之子，公义也。背公义，向私爱，幸而得幸，国人不吾与也。子虽痛，独谓义何！齐将为之按兵不攻鲁。

余述中国道德精神，多举死生之际。良以道德者，遇难处事，贵能自我牺牲。自杀，则自我牺牲最极端之例也。独此事则难之尤难。以一母携两儿，若自杀，则两儿皆不保。弃己子，全兄子，较自杀为尤难矣。中国人最重家庭道德，然当于此等处深细阐究，可悟家庭道德实非出于人类之私心。若仅知以私心关顾家庭，此可谓知有家庭，不可谓便知有道德也。

六　齐义继母

齐宣王时，有人斗死于道，被一创。二子兄弟立其傍。吏讯之，兄弟争自承。吏不能决，言于相。相不能决，言于王。王曰：皆赦之，是纵有罪。皆杀之，是诛无辜。其母当知子善恶，试召问之，听其所欲杀活。母泣而对曰：杀其少者。相曰：少子，人之所爱,今欲杀之,何也?曰:少者,妾之子。长者,前妻之子也。其父疾且死,嘱之于妾。曰:善养视之。妾曰诺。今既受人之托,许人以诺,岂可以不信!且杀兄活弟,是以私爱废公义也。子虽痛,独谓行何!泣下沾襟。相入言于王,皆赦不杀。

兄弟争死,在中国社会为屡见。如春秋时之卫二子,如东汉孔融兄弟,皆是也。抑义继母之难处,又对其已死之夫有不忍之心焉。其夫临死托孤,非曰爱其兄不爱其弟也。弟有母,兄则无,故以为托耳。今既不两全,死弟存兄,此亦一种自我牺牲矣。兄弟名分有异,此亦义继母之借以自慰耳。苟使己子为兄,前妻子为弟,谅义继母亦不凭此全己子,此亦所谓于仁至中求义尽也。

七　魏节乳母

秦亡魏,杀魏王及诸公子。独一公子不得,节乳母匿之。秦令,得公子者赏千镒,匿之者罪至夷。一故臣识乳母而疑焉。乳母抱公子逃于深泽之中,故臣以告秦军,秦军追见,争射之,乳母以身为公子蔽,矢着身者数十,与公子俱死。

此事与杵臼程婴救赵孤有相似。惟二臣有智谋,卒全赵孤,兴赵宗。节乳母以一妇人,无可为计,终以身殉。道德惟问一心,固不论志业之成败也。

八　梁节姑姊

梁节姑姊者,家屋失火,兄子与己子在火中。欲取兄子,辄得其子,独不得兄子。火盛不得复入,节姑姊将自趣火。或止之,曰:尔本欲取兄之子,惶恐卒误得尔子,中心谓何,何至自赴火。节姑姊曰:梁国岂可户告人晓。被不义之名,何面目见兄弟国人!遂赴火而死。

昔孟子有可以死可以无死之辨,可见当战国时,尚义轻死之风已盛,故孟子及之。若梁节姑姊之事,是亦可以无死者。然其慕义强行,要可以风末俗,起懦志。近人好持高论,则此亦所谓礼教吃人也。唐昌黎韩氏慨乎言之,曰小人之好议论,不乐成人之美有如是。所谓欲加之罪,何患无辞也。

九　陈寡孝妇

此事在汉文帝时。孝妇十六而嫁,未有子,其夫当行戍,嘱孝妇曰:我生死未可知,幸有老母,无他兄弟,我不还,汝肯养吾母乎?妇诺之。夫果死不还,妇养姑不衰。居丧三年,其父母哀其无子早寡,欲取而嫁之。孝妇曰:夫且行,嘱妾以其老母。既许之,受人之托,岂可弃哉!养其姑二十八年,姑死,淮阳太守以闻,文帝美其行,赐之黄金四十斤,复之终身,号曰孝妇。

此后世中国节孝妇之先例也。在当时,尚无夫死不嫁之俗。孝妇深爱其夫,不忍死而背之,守节不嫁,养姑二十八年,其本心亦发于对夫之深爱耳。然较之一死以求心安者,其事为更难矣。汉廷高其义,美其行,而加之以褒赏,此亦无可议者。后世俗薄,强女子以守节,此固不当。然有出于至情真爱者,亦何得一并讥之乎?

十 梁寡高行

此事当在战国。梁寡妇荣于色,夫死不嫁。梁贵人多欲争娶,不能得。梁王闻之,使相聘焉。妇曰:贵人多求妾者,幸而得免。今王又重之。妾闻念忘死而趋生,是不信也。贵而忘贱,是不贞也。弃义从利,无以为人。乃援镜持刀割其鼻,曰:王之求妾,以其色也。今刑余之人,殆可释矣。相以报,大其义,高其行,乃复其身,尊其号曰高行君子。

此事远在陈寡孝妇前数百年。中国人不忍背死之心,无论君臣夫妇朋友,其事不绝书于史。盖中国人心理,常视死生如一。故在己往往不惜一死,而对人则往往虽死不背。苟其心中长有夫,则改嫁之事,将为苦不为乐。当时固无守寡之礼,则若梁寡高行者,夫亦自求其心之安而已。梁君初慕其色,终大其义,此亦人心之不能无感动,而岂设为礼教以存心吃人杀人之谓哉。

十一 鲁寡陶婴

此事当犹在梁寡高行之前。陶婴者,鲁陶门之女,少寡,养幼孤,纺织为产。鲁人或闻其义,将求焉。婴闻之,作歌明己之不更二也。其歌曰:黄鹄之早寡兮,七年不双。鹓颈独宿兮,不与众同。夜半悲鸣,想其故雄。天命早寡兮,独宿何伤。寡妇念此兮,泣下数行。呜呼哀哉兮,死者不可忘。飞鸟尚然兮,况于贞良。虽有贤匹兮，终不重行。

此故事更简单，仅是鲁有一陶门女守寡不嫁而已。歌诗或出好事者代咏，然死者不可忘一语，实道出此种道德精神之真源。人苟能重视己心，己心又诚不忘死者，则死者虽死犹生也。故宗教必重神重天，而道德必重己重心。此心岂在远，亦反求而得之矣。中国古人，盖因识得此心，种种道德，皆由此心流出，而岂一家之言可以说服人，强人以必从，迫人以难能，陷人于死地，困人于绝境，而能使人从之莫悔耶？抑凡此所举，亦皆闾巷之众，匹妇之愚之所为，亦岂沉溺于一家孤至之高论而不知返者耶？故讲究中国人之道德精神，亦贵乎就往事之实，而反求己心之安，而不贵为甚深之高论，以求绝俗而特出之乃始为道德也。

又按：《三国志·曹爽传》注引皇甫谧《烈女传》，记曹爽从弟文叔，妻谯郡夏侯文宁之女，名令女。文叔早死，服阕，自以年少无子，恐家必嫁己，乃断发以为信。后家果欲嫁之，令女闻，即复以刀截两耳。居止常依爽。及爽被诛，曹氏尽死，令女叔父上书，与曹氏绝婚，强迎令女归。时文宁为梁相，怜其少执义，又曹氏无遗类，冀其意沮，乃微使人讽之。令女叹且泣，曰：吾亦思之，许之是也。家以为信，防少懈。令女窃入寝室，以刀断鼻，蒙被而卧。其母呼与语，不应。发被视之，血流满床席。举家为之酸鼻。或谓之曰：人生世间，如轻尘栖弱草耳，何至辛苦乃尔。且夫家夷灭已尽，守此欲谁为哉！令女曰：闻仁者不以盛衰改节，义者不以存亡易心。曹氏前盛之时，尚欲保终，况今衰亡，何忍弃之！司马宣王闻而嘉之，听使乞子字养，为曹氏后，名显于世。

今按:夏侯令女之事,当魏晋之际,所谓天地闭,贤人隐之时也。且当时本无夫死守节之俗,即令女亦自知,家人必迫之再嫁,断发之后,继以截耳以自守。此其心,亦惟不忘故夫,有其一段无奈已乎之深爱而已。及曹氏族灭,夏侯氏家门尚鼎盛,其父母家人,尚欲望其再嫁,而令女守志不屈,至于断鼻自毁而无悔。其告人曰:仁者不以盛衰改节,义者不以存亡易心,此诚所谓死生一贯而其心皎皎者。虽以司马仲达之枭桀,亦不能不为令女而动其敬嘉之心焉。晦盲否塞之中,得此一人,而人心续,大道存矣。然在令女,夫亦曰以深情成其决志耳,非有他也。故曰:仁,人心也。而仁道,则人道也。吾侪生千百年后,苟以心求心,若夏侯令女之所为,尚复何讥评之可加乎?本文专拈刘向《列女传》为例,姑举夏侯令女一事,以见此种道德精神之流演中国社会,贯彻于中国史册者,固不能以时代限之。若连类而及,则又不胜其可举,故亦不再缕述也。

东汉经学略论

一

晚清经师，以《白虎通》为今文宝典，核之范晔《后书》，其事殊不尽然。据《杨终传》，终言宣帝博征群儒，论定五经于石渠阁。方今天下少事，学者得成其业，而章句之徒，破坏大体，宜如石渠故事，永为后世则。于是诏诸儒于白虎观论考同异焉。是白虎之论，议始于终，而终所谓章句之徒破坏大体者，正指今文博士言。《前书》夏侯胜所谓章句小儒破碎大道，盖章句始起于是时，迄于东汉之初，十四博士虑无勿有章句者。独惟古文诸经为无章句耳。

章纪建安四年十一月诏曰：盖三代导人，教学为本。汉章暴秦，褒显儒术，建立五经，为置博士。其后学者精进，虽同承师，亦别名家。孝宣皇帝以为去圣久远，学不厌博，故遂立大小夏侯尚书，后又立京氏易。至建武中，复置颜氏严氏《春秋》，大小戴《礼》博士。此皆所以扶进微学，尊广道艺也。中元元年诏书，五经章句烦多,议欲减省。至永平元年,长少校尉(樊)儵奏言,先帝大业,当以时施行,欲使诸儒共正经义,云云。此诏口吻,与《前书》刘歆移书让太常博士俨然相似。"虽曰承师,亦别名家。"则家法与师傅本有别。若尽依师传,欧阳《尚书》之后,何来复有大小夏侯?而先帝所以犹立为博士者,不过扶进微学增广道艺之意。不图诸博士专已守残,拒绝古文诸经,使不得立于学官。而犹复不务大体,碎义逃难,章句日增。王莽时,一面增立古文诸经,一面力求减省五经章句,凡以求经学之勿趋绝途耳。东汉君臣所有志改进者亦复在是。观杨终之奏,章帝之诏,君臣相应,其意昭然可知矣。考章帝所以然者,由其亦受古文经师之熏陶也。《贾逵传》,肃宗立,隆章儒术,特好《古文尚书》《左氏传》。建初元年,诏逵入讲北宫白虎观,南宫云台。帝善逵说,使出《左氏传》大义长于二传者。逵于是奏曰:三代异物,损益随时,故先帝博观异家,各有所采。《易》有施孟,复立梁丘。《尚书》欧阳,复有大小夏侯。今三传之异,亦犹是也。帝嘉之,令自选公羊严颜诸生高才者二十人,教以《左氏》。逵又数为帝言古文《尚书》与经传《尔雅》训诂相应,诏令撰欧阳大小夏侯《尚书》古文同异,逵集为三卷,帝善之。复令撰齐鲁韩《诗》与毛氏异同,并作《周官解诂》。八年,诏诸儒各选高才生受左氏穀梁《春秋》古文《尚书》《毛诗》,由是四经遂行于世。据此:则章帝对经学上之见解,不拘拘守先汉之今文家法,岂不甚显白乎。

章纪八年诏曰:五经剖判,去圣弥远,章句遗辞,乖疑难正。恐先师微言,将遂废绝。非所以重稽古,求道真也。其令群儒选高才受学左氏穀梁《春秋》古文《尚书》《毛诗》以扶微学，广异义焉。此诏亦载于袁宏《汉纪》，云章句传说，难以正义，恐先师道丧，微言遂绝。此证博士有章句，乃末师之业，至于先师并不然。如欧阳《尚书》本无章句，《尚书》章句始起于小夏侯，时大夏侯尚不以为然也。稍后以利禄之途所在，章句竞起，刘歆所谓是末师而非往古，信口说而背传记也。故夏侯胜明谓章句小儒破碎大道，而晚清经师则谓今文章句为大义所萃。汉章帝诏明谓章句乖疑，微言遂绝，而晚清经师则谓今文章句乃微言所传。彼等妄意臆说如此，则何怪其奉《白虎通》为今文宝典也。

晚清今文经师之所以张大其说者，尤恃何休之《春秋公羊解诂》。以为今文博士微言大义所赖以存。今按何休《公羊序》云：传《春秋》者非一，本据乱而作，其中多非常异义可怪之论。说者疑惑，至有信经任意，反传违戾者，是以讲诵师言，至于百万，犹有不解，时加酿嘲辞，援引他经，失其句读，甚可闵笑者，不可胜记也。是以治古学贵文章者，谓之俗儒。至使贾逵缘隙奋笔，以为《公羊》可夺，《左氏》可兴，斯岂非守文持论败绩失据之故哉。余窃悲之久矣。往者略依胡毋生条例，多得其正，故遂隐括，使就绳墨焉。此序何休自述注《公羊》之缘起，其谓守文持论败绩失据者，贾逵受诏列《公羊》《穀梁》不如《左氏》四十事奏之，名曰《左氏长义》（此出《经典叙录》，范传云三十事），章帝至使自选公羊严颜高才生习《左氏》，故曰败绩也。讲诵师言至于百万，此正当时今文博士章句家法所尽然，不独严颜《公羊》。何氏之注《公羊》，特欲求胜于其时之古文经师，而彼固已为不守今文博士家法之人矣。

范书《何休传》记休为学途辙极明晰,谓休精研六经,世儒无及,作《春秋公羊解诂》,不与守文同说。又与其师博士羊弼追述李育意以难二传,作《公羊墨守》,《左氏膏肓》,《穀梁废疾》。清儒江藩作《公羊先师考》说之云:胡母生与董仲舒同治《公羊》,前汉严颜之学盛行,皆董学也。胡之弟子为公孙宏一人,余无闻焉。爰及东汉,多治严氏《春秋》,范书《儒林传》有六人,治颜氏者惟一人。至于李育,虽习《公羊》,不知其为严氏之学欤,颜氏之学欤。休与羊弼追述李育意,则无所谓严氏颜氏矣。其为《解诂》,依胡母生条例,至于严颜则曰甚可闵笑。则李育之学本之子都矣。董子《繁露》,其说往往与休不合。《繁露》言二端十指,亦与条例之三科九旨迥异。仲舒推五行灾异之说,《汉书·五行志》备载焉。休之《解诂》不用,而取京房之占,其不师仲舒可知矣。是清儒在乾嘉时,尚知何休《公羊》与董仲舒不同,晚清以何休《解诂》上附董氏《繁露》,何不一读两汉《儒林传》与何氏之《自序》耶。

今考何氏之学所由与严颜不同者,由其能"精研六经",不颛颛守文,拘博士一家之法也。李育亦然。范书谓育少习《公羊春秋》,博览书传,深为同郡班固所重。颇涉猎古学。尝读《左氏传》,虽乐其文采,然谓不得圣人深意。后拜博士。建初四年,与诸儒论五经于白虎观,育以《公羊》义难贾逵,往返皆有理证,最为通儒。是李育为学,亦兼通古今,不颛颛一家章句,故能与贾逵相往复也。《班固传》称固博贯载籍,九流百家之言无不穷究,所学无常师,不为章句,举大义而已。其重李育,亦因其学能博涉贯通故也。则江藩疑李育《公羊》乃胡母子都之传者疑亦失之。其实严颜两家何尝全是董仲舒之传统。若两家能守仲舒传统勿失，则《公羊》有董氏可矣，何乃有严颜。博士章句，皆所谓末师耳。岂得以末师之章句上推先师之微言大义，以为果如是哉。严颜非尽董氏学，李育何休亦非尽胡母氏学也。惟一为专家，一为通学，其不同如此而已。

当时为博士者，专家多，通学少，而亦未尝无通学之士，即如李育是也。又如张玄，少习颜氏《春秋》，而兼通数家法。拜为博士。数月，诸生上言玄兼说严氏，不宜专为颜氏博士。光武且令还署。为博士弟子者，习一家章句尚患不能熟，若为之博士者兼说数家，博士弟子一年辄科，恐不易得高弟，故不乐之。光武不得不且徇诸生之意，令其还署，此可以知光武所以虽欲立《左氏春秋》，而以诸博士喧哗，不得不姑置勿立矣。晚清经师乃谓两汉十四博士家法为孔学真传，真可怪也。

东汉诸儒学最通博者，必推郑玄。玄著发墨守，针膏肓，起废疾。何休见而叹曰，康成入吾室，操吾戈以伐我乎。此说良允。即李育何休之难贾逵，攻左氏，亦入室操戈也。不通其学，岂得相往复哉。故西汉博士之于刘歆，直以不诵绝之而已。李育不以不诵绝贾逵，而何休亦谓当时博士之学甚可闵笑，宜其败绩失据，斯二人之所由异夫章句小儒也。窃谓当时经学分野，惟博士章句家法与博通大义之两途。而大抵治今学者，以守博士章句者为多。通古学者，以不守章句举大义者为多。至《白虎通德论》，明明主通，其有异于诸家之章句明矣。若谓会十四家博士章句而通之，此则晚清经师之狂言，汉儒无此事也。

二

晚清经师又谓东汉今古文家法绝不相混,至郑玄注经而今文家法始失。此亦非也。大抵东汉儒生,多尚兼通,其专治一经章句者颇少,而尤多兼治今古文者。此亦据晚清分今古言之,当时本不严格分别也。即以《儒林传》征之,如孙期,兼京氏《易》古文《尚书》,张驯,能诵《春秋左氏传》,以大夏侯《尚书》教授。尹敏,初习欧阳《尚书》,后受古文,兼善《毛诗》穀梁左氏《春秋》。此皆以一人兼治后世所谓今古文之证也。其他如贾逵,从刘歆受《左氏》《国语》《周官》,又受古文《尚书》于涂恽,学《毛诗》于谢曼卿,而以大夏侯《尚书》教授。张楷,通严氏《春秋》古文《尚书》。刘陶,明《尚书》《春秋》,惟三家《尚书》及古文,是正文字三百余事,名曰《中文尚书》。此皆明文见于列传。至所谓博通五经者尚多有之。不闻今古文相水火也。若谓今文十四博士道一风同,则五经何为乃有十四家?且不闻治京《易》者必通梁丘,治欧阳书者必通大小夏侯也。若谓古文诸经自成一系统,与今文诸经判然两事,则何以治严氏《公羊》京氏《易》者乃兼习古文《尚书》,治左氏《春秋》者又兼事大夏侯《尚书》乎?

然则当时固为有今文古文之别乎?曰:据汉人之自道,则惟《尚书》称古文,以别于欧阳大小夏侯。此外如《左氏春秋》《毛诗》皆不称古文。《杜林传》称"于是古文遂行",此专指古文《尚书》也。《贾逵传》称"由是四经遂行",则合左氏穀梁《春秋》古文《尚书》《毛诗》四经言之。古文不能并包《左氏》《毛诗》诸端，皎然彰著矣。此外惟费直传《易》号《古文易》，然亦不闻并称古文《尚书》古文《易》为古文。由两者各有传授渊源，无可并合，犹之京氏《易》严氏《春秋》不能并合而称今文也。

然诸经虽不并称，而治此诸经者，往往均称曰古学，此杜林卫宏贾逵诸传皆言之。古学者，指其异于今学，犹后世古文之别于时文矣。在东汉言之，则今学即博士章句之学也。谓之今学，正犹后世之言时文。今学之必为章句，犹之时文之必写八股矣。何以谓今学必章句乎？《孔僖传》，自安国以下，世传《古文尚书》《毛诗》，长彦好章句学，季彦守其家业。连丛子云：长彦颇随时为今学，季彦壹其家业，兼修《史》《汉》，不好诸家之书。孔大夫昱谓季彦曰：今朝廷以下，四海之内，皆为章句内学，而君独治古义，治古义则不能不非章句，非章句内学，则危身之道也。此证章句为今学矣。《论衡·程材》篇所谓世俗学问者，不肯竟经明学，深知古今，急欲成一家章句也。故家法与章句，特异辞言之。名家者，即自成一经章句称某氏学，而此惟博士有之。《徐防传》谓《诗》《书》《礼》《乐》定自孔子，发明章句始于子夏。汉承秦乱，经典废绝，本文略存，或无章句，故立博士十有四家。此证博士家法章句之三者为一体矣。然其事实始石渠议奏以后，发端于小夏侯，徐防谓章句始子夏，则无根俗说也。

章句今学出于博士，博士为官学，故治章句者必媚上谀政。光武好图谶，诸博士章句尽言图谶，乃曰章句内学，此犹元明以来朝廷科举一遵朱子，则为八股者自必阐述朱义也。而东汉治古学者则不言谶。光武问郑兴，郑兴曰，臣不为谶。尹敏谓谶书非圣人所作，其中多近鄙别字，颇类世俗之乱。桓谭亦言臣不读谶。三人皆治古学,皆以不言谶几罹罪辜。故贾逵云:光武皇帝奋独见之明,兴立《左氏》《穀梁》,会二家先师不晓图谶,故令中道而废。此孔大夫所以言非章句内学则危身之道也。光武图谶,导源于王莽之符命,而王莽符命则由西汉博士诸家。《公羊》通三统,即是符命真源矣。王莽何必别伪古文而后可以言符命?至礼乐制度,则莽之措施,颇有取于《周官》《左氏》者。故若以晚清经师今古文分派之说绳之,则莽之受命代汉,大有赖于《公羊》今文。其变法复古,则《左氏》《周官》古文家之意见为多。若谓莽伪造符命,又伪造古文经,已属矛盾。且何以东汉初年治图谶者皆今文家,而治古学者多不与耶?

《方术传》云:王莽矫用符命,及光武尤信谶言,士之赴趋时宜者,皆驰骋穿凿争谈之,自是习为内学,尚奇文,贵异数,不乏于时矣。然则治谶必尚奇文,正尹敏所谓其中多近鄙别字也。光武令尹敏校谶,敏因其阙文增之,曰君无口,为汉辅。帝召问,对曰,臣见前人增损图书,窃幸万一。故为图谶者每每改造字体,此正古文家所深恶也。当时所谓今学古学之分野,率具如是,安有如晚清经师之所称道乎。

然则治古学不为章句,彼当何务?曰训诂通大义是已。训诂通大义,此不徒治古学者然,今学博士初立,未有章句,亦曰训诂举大义也。且古学家亦不终于训诂举大谊而止,迄于马融郑玄,亦章句矣。《郑传》谓郑氏注经凡百余万言,质于辞训,通人颇讥其繁,此之通人,亦如大夏侯之斥小夏侯为章句小儒破碎大道矣。范氏之论曰:东京学者亦各名家,守文之徒,滞固所禀,异端纷纭,互相诡激,遂令经有数家,家有数说,章句多者或乃百余万言。学徒劳而少功,后生疑而莫正。郑玄括囊大典,网罗众家,删裁繁诬,刊改漏失,自是学者略知所归。范氏此论,极得郑学真趣。盖郑氏于经,成章句而不守家法。章句之胜于训诂者,以训诂阔略而章句完密也。家法之不如古学者,以古学会通,而家法偏守也。若谓郑氏兴而后世只有古学不知孔学,则异乎吾所闻。

原题《未学斋读史随笔》,刊载于一九三六年
九月二十四日天津《益世报·读书周刊》
第六十七期,笔名未学斋主。

略述刘邵《人物志》

今天我要约略讲一部将两汉学术思想开辟到另一新方向之书，此即刘邵之《人物志》。此书仅有两卷、十二篇。刘邵之时代已下至三国，此书以前向少为人注意；直至最近，始有提及。我们一看其书名，即知此书是专讨论人物的。我尝谓中国文化传统特别注重于人文主义，因此也特别着重讲人物。如在《论语》中，即曾批评自尧舜以下直到孔子当时之各类人物；孟子书亦然。中国人一向甚重视对人物之批评，此乃中国思想一特点。

因讲政治教化皆需人。在汉代，政府用人必以读书人为条件；读书必以通经为条件；非读书通经即不得从政。此在孔孟当时，可谓仅存有此一理想；而到汉代，却已真在制度上实现了。政教合一，政治上之人物即是学术上之人物，此项制度，可谓是根据了经学中之最高理论而来。但后来汉代亦趋衰乱，终至于不可收拾，此中原因何在，岂不深值时人猛省？在汉代开始时，讲黄老无为，但亦须有理想适合人来推行，不是随便讲黄老学的都能胜任愉快。为何到东汉末年，产生了黄巾、董卓之乱，终于导致三国分裂？不容得当时人不觉悟到政治上之失败，其理由即因于政治上用人之不够理想。故退一步先从人物方面作研究，庶可希望在政治上能用到合理想、合条件之人。此亦可谓是一个反本穷源的想法。刘邵《人物志》即根据此一时代要求而写出。

《人物志》主要在讨论人物。物是品类之义。将人分成许多品类，遂称之为“人物”。西方人常依职业或知识来分人物，如宗教家、医生、律师或某类专门学者，这些都从外面职业知识分。中国人却重在从人之内面品性道德分。此一态度，显然与西方不同。中国人向来看重人的道德、性情，如《论语》中讲“仁、孝”、讲“圣、贤”、讲“君子、小人”，此等皆是道德上字眼。汉人最讲求道德，及汉代中央政府崩溃后，曹操却提出了新鲜口号，他说：“治天下，平时尚德行；有事尚功能。”他把才干看重在德行之上。若论曹孟德自己，就其道德论，实在太差了；然其人甚能干，正是乱世之奸雄。在此一风气下，更激起有思想者之郑重注意，于是方有刘邵《人物志》之出现。

孟子曾云：“穷则独善其身；达则兼善天下。”孔子亦曾说过：“道不行，乘桴浮于海。”又说：“用之则行，舍之则藏。”从个人立场讲：当世界陷于绝望时，只有退避一旁，采明哲保身之一法。但自另一方面讲：世道否塞，终需要物色人才来扭转此局面。刘邵写《人物志》，并非站在私人立场着想，而是站在政府立场着想。他的意态是积极的，非消极的。因此他衡评人物，一讲德性，一重才能，务求二者兼顾。换言之：衡评人物，不能不顾到其对当时人群所能贡献之功利一方面。若要顾到人群功利，即需讲才智。若无才智,如何能在此社会上为人群建立起功利?故刘邵《人物志》极重人之才智,但也并未放弃道德。而他书里,也并未提到隐沦一流,这是此书一特点。

今问人之才智何由来?刘邵以为人之才智乃来自自然,此即所谓人"性"。孟子亦是本才以论性。当三国时,才性问题成为一大家爱讨论的问题。因在东汉时,社会极重"名教",当时选举孝廉,孝廉固是一种德行,但亦成了一种"名色"。当时人注重道德,教人定要作成这样名色的人,教人应立身于此名色上而再不动摇,如此则成为"名节"了。惟如此推演,德行转成从外面讲。人之道德,受德目之规定,从性讲成了行,渐渐昧失了道德之内在本原。现在世局大坏,人们觉得专讲当时儒家思想,似乎已不够;于是又要将道家思想掺入,再回到讲自然。认为人之才能,应来自自然。但一讲到自然,又会牵连讲到邹衍一派之阴阳家言。在先秦以前,各家思想本可分别来讲;但汉以下各家思想已渐汇通,不能再如先秦般严格作分别。当时人把自然分成为"金、木、水、火、土"五行,人性亦分别属之。即如近代命相之说,也仍把人分"金性"、"木性"等。当时人把儒家所讲仁、义、礼、智、信配入五行,变成了五性。哪一性的人,其所长在何处,如:木性近仁、金性近义等。直到宋代理学家们,也还作如此的分别。

但刘邵《人物志》并不看重那些旧德目,他书中提出了许多新意见。他说:人才大概可分为两等:一是"偏至之材",此乃于一方面有专长者,如今称科学家、艺术家等。在刘邵说来,应都属此偏至之一类。第二是"兼材",即其材不偏于一方面,而能有兼长者。依近代人观念,其人果是一文学家,若定要同时兼长科学,岂不甚难?然此等本属西方人侧重职业与知识的分法,中国人则不如此看人。人品不以知识、职业作分别。今天的我们,都已接受了西方人说法,多将人分属于某项知识、某项职业之下,乃对刘邵所提兼材一项,骤难了解。

我们试再就此讲下:刘邵在《人物志》中将人分成十二“流”。中国人所谓流品,亦即是品类之义。此十二流乃依其人之性格言。人之“才”皆自其“性”来。如有人喜讲法律;有人喜臧否人物;有人善文辞。此皆所谓才性不同。刘邵所分十二类中之第一类,称为“清节家”。他说如吴季札,齐晏婴等是。因此类人禀此性,便宜做此类事,即其才之专长在此也。其第二类称“法家”。此非指先秦诸子中之法家学派言。法家学派指的是一套思想;而刘邵所指则是某一类人之性格。如管仲、商鞅等,此一类人,性喜讲法律制度,因此其才亦于此方面见长。第三类称为“术家”。如范蠡、张良等是。因于人性不同,而其所表现之才能亦不同。如:管仲、商鞅,他们每能建立一套制度或法律,然遇需要权术应变处,即见他们之才短。

前三类皆是所谓偏至之材。但亦有其人不止在某一类事上有用,而其才可多方面使用者。此所谓兼材,即其才不限于某一方面、某一类事。刘邵言:如此之人,即具兼材之人,乃可谓之德。依照刘邵如此说来,德自在才之上。但其所用德字之涵义,显与指仁、义、礼、智为德者有辨。刘邵又谓:“若其人又能兼德,此种人则可谓之圣人。”故刘邵心中之圣人,应是一全才之人,至少应是一多才之人。刘邵主张在偏至之才之上,更应注重兼材,此种人始是有德。如曹操不可托以幼主;而诸葛孔明则可以幼主相托。此因孔明兼有清节之才;而曹操不能兼。若照我们普通说法:只说曹操无道德;依刘邵讲法,即论其人有无此类之材,或说是否具有此一方面之性格。此乃刘邵思想之独特处。

刘邵又谓:若"兼德而至,谓之中庸"。此处所谓之中庸,亦不同于儒家所谓之中庸。刘邵之所谓中庸者,实是兼备众才,使人不能以一才目之,甚至不能以兼才目之。因此刘邵将人物分为三类,即:"圣人"、"德行"与"偏材"。中庸则是圣人。复下有"依似",此乃勉强学之于人,而并非出自其人之本性者。此下又有"闲杂"与"无恒"。如其人今日如此,明日又不如此,便是闲杂无恒。"依似"与"无恒",皆不从其人之本性来,只从外面强学,故有此弊。盖因东汉重名教,人渐向外效慕,刘氏特加矫正。然刘邵仍将"德行"置于才智之上。他的意见:德行应由内发,而仍必兼有才智。谓其本原乃出于人之天性,因此主张要"观人察质"。他意谓:要观察一个人,必注重观察其性格。此处察质之"质"字,其涵义犹不止是"性质"义,且兼有"体质"义。直至今日论人,犹有相骨、相面之说,此即观人之体质也。其人或厚重、或轻薄、或谨慎、或粗疏,皆从其人之体质与性质来。此种意见,实亦流传迄今,仍为一般人所信奉。

但"观人察质"更有一重要处。刘邵说:看人"必先察其平淡,而后求其聪明"。此两语实有深意。若论圣人,本即是一聪明人,目能视,耳能听,所视所听又能深入玄微,这便是其人之聪明。又如同读一书,各人所得不同,此即其人之聪明不同。圣人便是聪明之尤者。但在看一人之聪明之外,更应察其性格之能平淡与否。此语中极涵深义。从前儒家多讲仁、义、礼、智、信，把美德渐讲成了名色；至刘邵时便不再讲此，转移重点，来讲人之性格与其用处。人之性格与其用处之最高者，刘邵谓是“平淡”一格。此如一杯淡水，惟其是淡，始可随宜使其变化，或为咸、或为甜。人之成才而不能变，即成一偏至之材，其用即有限。故注意人才而求其有大用，则务先自其天性平淡处去察看。

所谓“平淡”，应可有两种讲法：一指其人之内心讲，即其人之所好、所愿望。如人都喜欢在某一方面有所表现，此人即是不平淡。以其不平淡，因而亦只能依其所好、所想望而成一偏至之材。又如人好走偏锋，急功近利，爱出锋头，此等皆是不平淡。必大圣如孔子，始是一真平淡者。惟其平淡，故可大受，而当大任。如孔子之“毋意、毋必、毋固、毋我”及其“无可、无不可”。此即孔子之平淡也。刘邵说：“中庸之德，其质无名。”此即或人批评孔子所谓博学而无所成名也。亦可说平淡即是不好名，不求人知。刘邵此番理论，正是针对东汉人风气，亦可谓其乃来自道家。如《老子》说：“名可名，非常名。”人若成为一个“名色”，其人亦即只可有一种用，不能再作他用。此即违背刘邵所谓之中庸之德矣。故刘邵意乃谓：“人之至者，须能变化无方，以达为节。”此所谓达，即是达成我们之所希望与其到达之目标之谓。我们之目标与希望，惟有其人性格到一平淡境界时，始可达到。盖平淡之人，始能不拘一格，因应变化，故能达成其任务也。刘邵所用“平淡”二字，明是老庄思想；但其用“中庸”二字，则自儒家来。刘邵将此儒、道二家思想配合而自创一新说，此在汉儒中甚少见。

以上讲的是圣人,此乃承传统观念来。在三国时,一般人又多喜欢讲"英雄",因乱世需英雄也。如曹操尝语刘备曰:"今天下英雄,惟使君与操耳。"即时人尚英雄之证。据刘邵《人物志》意见:英,乃指其人之聪明;雄,乃指其人之胆力。如张良柔弱似妇人女子,乃英而不雄;韩信则是雄而不英。然英才之人不能使用雄才;雄才之人亦不能使用英才。必求其人聪明胆力相兼,方可谓之英雄。若不得已而必须分别论之,则英才较雄才为高。然必兼英与雄,始可用天下英雄之才,而得建成大业也。

刘邵又从功利观点来讲人之德性,谓其最可宝贵者,应在"爱"与"敬"两项。因凡人皆喜欢得他人之"爱"与"敬",故此二者乃人之最高道德性格也。因若任何人能爱敬人,则能动获人心,道无不通,如此自然所遇无不顺利;故刘邵讲道德主要乃兼功利观点讲。他说如"仁"字,在单独讲时是好的;但合起来讲,则仁不如"明"。若其不明而仅有仁,则成无明,此说实亦有理。故孔子讲"仁"必另加上一"智"字。后人太偏讲道德,便失却孔子仁智兼重之义。仁、智必相兼,聪明与平淡二者亦必相兼,此皆刘邵论人物之重要点。

再说"平淡"二字。平者如置放任何一物,放平处便可安顿;放不平处则不易得安顿。淡则能放进任何物,而使其发生变化,不致拘缚在一定格上。总之,平淡之性格可使人之潜在性能获得更多之发现与成就。刘氏因此又说:"学"虽可使人成"材";然成于此,即失于彼。此显然是道家义。刘氏又颇看不起"恕"字,彼意:若其人自己心上有了毛病,如何能"推己及人"?故说:"学不入道";又说:"恕不周物"。这是他对儒家义之修正。

刘邵《人物志》一书,其中所涵思想,兼有儒、道、名、法诸家,把来会通,用以批评、观察人物。依刘邵理论,把道德、仁义、才能、功利诸观点都会通了,用来物色人材以为世用。此种讲法,颇与宋、明儒所讲德性之学只注重在个人内部之正心、诚意方面者并不全相同。所惜是后人没有将刘邵此一套学问更向前推进。此在刘邵思想本身,自然也有缺点:一是刘邵只注意观察人物,却不注意在各人之修养方法上。二是刘邵所讲,专注意在政治场合之实用上。他的眼光,已就陷于一偏。这可证明刘邵还是两汉以来单注意政治实用一方面的思想传统。

我自己很喜爱刘邵此书,认为:他提出平淡二字,其中即有甚深修养工夫。在我年轻时读《人物志》,至"观人察质,必先察其平淡,而后求其聪明"一语,即深爱之,反复玩诵,每不忍释;至今还时时玩味此语,弥感其意味无穷。

一九六一年在香港大学讲

葛洪年谱

病中读《抱朴子》,聊谱其年历行事。时民国三十五年春客成都。

晋武帝太康四年　葛洪生

按:《抱朴子·外篇·吴失》:余生于晋世。据后太安二年洪年二十一,推知应生在此年。

又按:《晋书·葛洪传》:洪父悌、吴平后入晋为邵陵太守。《抱朴子·外篇·自叙》:卒于官。洪者,君之第三子。生晚,为二亲所娇饶。

惠帝元康五年　洪年十三

按:《自叙》,年十有三而慈父见背,饥寒困悴,躬执耕穑。又累遭兵火,典籍荡尽,负笈行假,伐薪卖之,以给纸笔。

元康八年　洪年十六

按:《自叙》,年十六,始读《孝经》《论语》《诗》《易》,贪广览，于众书乃无不睹。

太安元年　洪年二十

按《晋书·葛洪传》：从祖玄、吴时学道得仙，号葛仙公。以其炼丹秘术授弟子郑隐。洪就隐学，悉得其法。《抱朴子·内篇·金丹》：昔左元放于天柱山中精思，而神人授之金丹仙经。会汉末乱，不遑合作，而避地来渡江东，志欲投名山以修斯道。余从祖仙公又从元放受之。凡受太清丹经三卷，及九鼎丹经一卷，金液丹经一卷。余师郑君者，又于从祖受之，而家贫无从买药。余亲事之洒扫积久，乃于马迹山中立坛盟受之。并诸口诀诀(下诀字疑衍)之不书者。江东先无此书，书出于左元放。元放以授余从祖，从祖以授郑君，郑君以授余，故他道士了无知者也。然余受之已二十余年矣，资无担石，无以为之，但有长叹耳。又《抱朴子·内篇·遐览》：昔者幸遇明师郑君，于时虽充门人之洒扫，既才识短浅，又年尚少壮，意思不专，俗情未尽，不能大有所得，以为巨恨。郑君时年出八十，性解音律，善鼓琴。闲坐。他弟子皆亲仆使之役，采薪耕田，唯余尫羸，不堪他劳，常亲扫除，拂拭床几，磨墨执烛，及与郑君缮写故书而已。郑君本大儒士，晚而好道，犹以《礼记》《尚书》教授，弟子五十余人，惟余见受金丹之经。太安元年，知季世之乱，江南将鼎沸，乃负笈持仙药之扑，将入室弟子东投霍山，莫知所在焉。据此，知洪受学郑隐，当在二十以前十六以后之数年中。郑隐善鼓琴闲坐，此乃当时修道者所共，如嵇叔夜信长生，亦擅琴是也。至洪所受之丹术，自左元放以来四传，既云不遑合作，又称家贫无从买药，又曰资无担石,无以为之,则虽有其书,迄无亲验之者。后人传左元放葛仙翁故事,证以葛书,知皆不实矣。

太安二年　洪年二十一

按:《晋书·洪传》:石冰作乱,吴兴太守顾秘为义军都督,与周玘等起兵讨之,檄洪为将兵都尉,攻冰别率,破之,迁伏波将军。《自叙》:昔大安中,石冰作乱,义军大都督邀洪为将兵都尉,累见敦迫,遂募合数百人,别战斩贼小帅,多获甲首,于是大都督加洪伏波将军。又《御览》三百二十八引《抱朴子·外篇》,昔大安二年,京邑始乱,石冰屯于建业,宋道衡说冰求为丹阳太守,到郡,发兵以攻冰,召余为将兵都尉,余年二十一,见军旅,不得已而就之。宋侯不能用吾计,数败。吾令宋侯从月建,住华盖下,遂收合余烬,从吾计,破石冰焉。今按:据《御览》此条,知本年洪二十一。

永兴元年　洪年二十二

按:《晋书·洪传》:冰平,洪不论功赏,径至洛阳,欲搜求异书,以广其学。《自叙》:事平,洪投戈释甲,径诣洛阳,欲广寻异书。正值大乱,半道而还。今按:石冰平在今年。

光熙元年　洪年二十四

按:《晋书·洪传》:洪见天下已乱,欲避地南土,乃参广州刺史嵇含军事。及含遇害,遂停南土多年。征镇檄命,一无所就。《自叙》:洪诣洛阳,正遇上国大乱,北道不通,陈敏又反于江东，归途隔塞。会有故人谯国嵇居道，见用为广州刺史，乃表请洪为参军，利可避地于南，黾勉就焉。见遣先行催兵，而居道于后遇害，遂停广州，频为节将见邀，用皆不就。今按：嵇含为广州刺史，未赴，遇害在今年。《晋书·嵇含传》，含字君道，此作居道，乃字讹。

又按：《晋书·洪传》：洪又师事南海太守上党鲍玄。玄亦内学，见洪，深重之，以女妻洪。洪传玄业，兼综练医术，不知在何年。《晋书》叙于石冰乱前，今姑改系于此。或尚稍后，未可知。

愍帝建兴三年　洪年三十三

按：《晋书·洪传》：后还乡里，礼辟皆不赴。元帝为丞相，辟为掾，以平贼功，赐爵关内侯。今按：元帝为丞相在今年，洪不知何年自广州还，其为元帝掾属，当在此年。

元帝建武元年　洪年三十五

按：《自叙》，洪年十五六时，所作诗赋杂文，当时自谓可行。至于弱冠，更详省之，殊多不称意。洪年二十余，乃计作细碎小文，妨弃功日，未若立一家之言，乃草创子书。会遇兵乱，流离播越，有所亡失，连在道路，不复投笔。十余年，至建武中，乃定。凡著《内篇》二十卷，《外篇》五十卷，碑颂诗赋百卷，军书檄移章表笺记三十卷，又撰俗所不列者为《神仙传》十卷。又撰高止不仕者为《隐逸传》十卷。又抄五经七史百家之言，兵事方伎短杂奇要三百一十卷。别有目录。又曰：既洪著《自叙》之篇，或人难曰：昔王充年在耳顺，道穷望绝，惧身名之偕灭，故自纪终篇。

先生以始立之盛,值乎有道之运,何憾芬芳之不扬,而务老生之彼务。洪答云云。又《自叙》:江表书籍不具,昔故诣京师,正值大乱,半道而还。每兴叹恨。今齿近不惑,素志衰颓,但念损之又损,为乎无为。据诸上引,知洪撰《抱朴子》,殆在此时。故既曰以始立之盛,又曰齿近不惑也。清《四库提要》谓洪乞为勾漏令后退居罗浮山所作,误矣。

又按:《抱朴子·金丹》:洪受书于郑君,已二十余年矣。若以洪十八九岁受书,再过二十余年,当逾四十。是其所为《自叙》,虽在三十五岁时,而其内外各篇文,则容有随后增成者。又据其《神仙传·自序》,则在《内篇》既成之后,因其弟子滕升问神仙有无而作。

又按:《自叙》,洪考览奇书,既不少矣。率多隐语,难可卒解。道士弘博洽闻者寡,而意断妄说者众。至于时有好事,欲有所修为,仓卒不知所从,而意之所疑,又无足咨。今为此书,粗举长生之理。其至妙者,不得宣之于翰墨。盖粗言较略以示一隅。世儒莫信神仙之书,不但大而笑之,又将谤毁真正。故予所著子言黄白之事名曰内篇。今按:洪著《内篇》既在盛年,特因多览奇书,故乃粗言其理,非谓亲有所试,确有所验也。神仙黄白又与长生之理不同,洪盖信有此术而姑记其所得于考览者而已,后世乃以为洪果尸解得仙,其妄可知。

又按:《自叙》,洪少有定志,决不出身。念精治五经,著一部子书,令后世知其为文儒而已。后州郡及车骑大将军辟,皆不就。荐名琅玡王丞相府。昔起义兵,贼平之后,了不修名诣府论功。晋王应天顺人,拨乱反正,结皇纲于垂绝,修宗庙之废祀,念先朝之滞赏,并无报以劝来。洪随例就彼庚寅诏书,赐爵关中侯,食勾容之邑二百户。今按:此处称晋王,又称先朝,可证洪封关内侯必在元帝时。元帝在位六年,建武元年丁丑,大兴三年庚辰,此云庚寅,或是庚辰之讹。

成帝咸和元年　洪年四十四

按:《晋书·洪传》:咸和初,司徒导召补州主簿,转司徒掾,迁咨议参军。干宝深相亲友,荐洪才堪国史,选为散骑常侍,领大著作。洪固辞不就,以年老欲炼丹以祈遐寿。闻交阯出丹,求为勾漏令。帝以洪资高不许。洪曰:非欲为荣,以有丹耳。帝从之。洪遂将子侄俱行,至广州,刺史邓岳留不听去,洪乃上罗浮山炼丹,岳表补东官太守,又辞不就。在山积年,优游闲养,著述不辍。后忽与岳疏云:当远行寻师,克期便发。岳得疏往别,而洪坐至日中,兀然若睡而卒。岳至,遂不及见,时年八十一。今按:此记洪应王导之辟而卒叙之云云也。

又按:道藏本《关尹子》有葛洪序,云:洪体存蒿艾之质,偶好乔松之寿,知道之士,虽微贱必亲也,虽夷狄必贵也。后遇郑君思远,属洪以尹真人文始经九篇,洪亲受之。下题咸和二年五月朔。今考洪幼师郑隐,岂得云后遇。隐之去霍山,下至咸和二年,亦已二十五年矣。《关尹》既伪书,此序亦后人伪撰也。郑思远,《洞仙传》谓其师葛孝先,入庐江马迹山,盖即郑隐之字。

咸和五年　洪年四十八

按:《通鉴》,今年五月,邓岳始领广州刺史,洪之乞为勾漏令,将子侄南行,尚当在后。

咸康二年　洪年五十四

按:《晋书·邓岳传》,咸康三年,岳遣军伐夜郎,破之,加督宁州,进征虏将军,迁平南将军,卒。弟逸监交广州,建威将军,平越中郎将,广州刺史假节。今考《帝纪》,伐夜郎事在咸康二年十月,非三年。邓岳卒年史不著。惟查《通鉴》,康帝建元元年,以庚冰都督荆江宁益梁交广七州。穆宗永和三年春,林邑王文攻陷日南,杀日南太守夏侯览,檄交州刺史朱蕃,请以郡北横山为界。文去,蕃使督护刘雄戍日南。秋,林邑复陷日南,杀刘雄。四年,林邑寇九真。五年,桓温遣督护滕畯帅交广之兵击林邑王文于卢谷,为文所败,退屯九真。似邓岳之卒,尚在康帝前,其弟逸亦不久去位。若如《洪传》,洪寿八十一而卒,应在哀帝兴宁二年,邓岳决不至是尚在。今既知洪先邓岳卒,则其寿殆不出六十也。《寰宇记》一百六十引袁彦伯《罗浮记》作葛洪卒时年六十一,若果可据,应为康帝建元元年,其时邓岳殆已卒,洪决不在人世。此亦本《晋书》本传讹八为六耳。未足据。后人以洪治养生神仙之术,故《晋书》本传谓其八十一而卒,又谓其既死,颜色如生,体亦柔软,举尸入棺,甚轻如空衣,世以为尸解得仙云。然要之其寿最高当不过六十,则绝无疑者。至其炼丹未就,则《传》已明言之,可不复详论也。

此稿成于一九四六年春,刊载于一九六九年
三月《大陆杂志》三十八卷五期。

魏晋玄学与南渡清谈

政治无出路,激起老庄个人思想的复活。但个人思想盛行,则政治更无出路。因此儒学衰而道学盛,济其偏者必为法家。西汉初年高惠文景,号为治本黄老,然萧何造律,一本秦之九章。曹参承其前规。文帝亦好刑名,景帝更然。故太史公以老子韩非同传,正系指对当时之实相而发也。东汉末叶,朝野竞趋个人主义,权谋势诈,乘之纷起。政府若求整饬社会,则必用严法峻刑以为绳束。然当政者重法治,在野者趋消极,依然是道法平分天下之局势。东汉之法家思想,可以崔实《政论》为代表,道家则以仲长统《乐志论》为代表。曹操诸葛亮等承崔实,而阮籍嵇康等则承仲长统。一方是循名责实,一方是乐志肆意。当时经学大师亦受道法影响。马融绛帐传经,弟子集帐前,家伎居帐后。叹息谓友人曰:"古人有言,左手据天下之图,右手刎其喉,愚夫不为。所以然者,生贵于天下也。今以曲俗咫尺之羞,灭无赀之躯,殆非老庄所为。"是马融已显然为一位道家化的经学家,而郑玄则是一法家化的经学家。

及孔融起,遂确然开了一种新风气。虽仍守儒家面目,实际是以道法为底里。时当天下大乱,个人主义益奔放不可收拾,曹操诸葛亮皆不得不以严刑峻法为规束。直到两晋,法家思想整个支配了政治的上层。但政府尽管尚法治,在野知识分子仍是各行其道。道家思想,则支配了整个文化界。曹操司马懿两家,以权术诈谋取天下,在上者既不能光明磊落,大服人心。愈讲法治,愈足以激起在下者之消极与放荡。从此玄学遂大盛。王(弼)何(晏)倡于前,阮(籍)嵇(康)继其后,向(秀)郭(象)承其末,此为魏晋之际玄学演进之三大宗。

何晏王弼,乃魏晋之际玄学开始的大学者。何晏曾作《论语集解》,晏乃曹家外戚,曹爽死于司马氏之手,今传史籍,对何晏颇多诋毁,殆其政敌之诬辞。何晏实并不是一坏人。清儒钱大昕《潜研堂集》曾为辩护。今即据《论语集解》一书研究其思想,亦尚不失儒者榘矱,此后乃列入《十三经注疏》中,历代相承。看轻其人格,却不能排斥其著作。实则此书亦非何晏一人所作。除何晏外,尚有郑冲荀顗曹羲孙邕四人。曹羲为曹爽弟,曾作三书戒诸弟骄纵,史称其讽刺曹爽,亦史书曲笔。如此始能加深曹爽之罪恶,其实并无明据。且当时史臣,亦只能说曹爽坏话,仍不得不承认曹羲是一正人君子。荀顗为荀彧之子,史称其性至孝,又称其明三礼。又其弟荀粲,时称"粲诸兄并以儒术论议"。则可见荀顗确是一儒者。荀顗曾与钟会辨易无亘体说,又与扶风王骏辨仁孝孰先。《论语》"孝弟也者,其为仁之本与"。若以为作是字解,此为孝先而仁后。若解作"孝弟为行仁之本",为作做字解,则是仁居孝先。当时争论在此。可见顗议论亦全关于儒学。后为晋代开国大臣，史称其“无质直之操，为当时所轻”。又称其“意思缜密”。可见其私人道德高，而在政治上则谨小慎微，苟合取容。

郑冲乃一平民出身，史称其“清恬寡欲，耽玩经史”。可见其亦是一纯粹学者。史又称其“虽位阶受辅，而不与世事”。又可见其做大官而不与闻政事。只孙邕不知其详。今疑曹羲荀觊郑冲诸人私德均不坏，何晏共此诸人同事《论语集解》：“集诸家训诂之善者，义有不安，辄改易之。”若果晏之私德，如今传史籍所载，何能与此诸人为友，共成此儒学大业？何晏见杀，正以其预闻政治。司马氏作风，一面极力尊崇仁孝之士，借重其私德，以笼络人心，如王祥郑冲一流是也。另一面则务要此等人不干预政治，俾其一家恣意篡窃。郑冲荀觊得守令名以终，何晏蒙恶名而死，皆由此故。《三国志》乃晋代人所作，受当时政潮影响，歪曲史实，未可轻信。今观《论语集解》，议论去取多平允，尚不失为儒学功臣，与其认何晏为道家，不如认其为儒家，还较允惬。

王弼之学，细加研究，亦可说其是一儒家。他的《易注》，更是儒学大功臣，与何晏《论语集解》同列《十三经注疏》，而影响功绩更为远大。后人称：“王何之罪，浮于桀纣”，此亦有为而发，不足为定评。裴徽谓王弼曰：“无者，诚万物之所资，然圣人莫有致言，而老子申之无已者何。”王弼曰：“圣人体无，无又不可训，故不说。老子是有者，故恒言无，所不足。”此言孔子圣人，已到无的境界，只因无不可以为训，故不肯正言。老子尚未能达无的境界，故恒讲无，正是他之所仰慕。可见王弼评量老子，置于孔子之下。何晏尝谓：“圣人无喜怒哀乐”，史称其论甚精。王弼则与何晏持异见。以为“圣人茂于人者,神明也,同于人者,五情也。神明茂,故能体冲和以通无。五情同,故不能无哀乐以应物。然则圣人之情,应物而无累于物者也。今以其无累,便谓不复应物,失之多矣”。此一见解,实与宋儒程明道《定性篇》相差不远。根据上引两节,知王弼并不专祟老庄。老庄不要喜怒哀乐,孔子虽有喜怒哀乐,但应物而无累于物,所以孔子境界尤高于老庄。王弼为一代大学者,惟从老庄方面去了解孔学,此亦有故。儒家本不免偏重于人生现实部分,对于宇宙万物,人生以外的大环境,未免少注意些,老庄思想正可弥补儒家这一面的缺点。汉代经学家杂揉儒道,把阴阳五行来分析宇宙万物,其说漫衍无归宿。直到郑玄不免。自经王充《论衡》,对此等附会迷信之谈,大加攻击,在此方面早有另辟新途径之必须,但又不能避却宇宙万物而不谈。王弼则摆脱汉儒旧缠缚,回到战国,本老庄初意来说宇宙万物之起源,故曰:“无者开物成务,无往不存。阴阳恃以化生,万物恃以成形,贤者恃以成德,不肖恃以免身。”从此理论上便摆脱了两汉四百年经学五天帝主宰天运的旧说。王弼特地注《周易》,正为要把《周易》的宇宙论来代替前汉经学家五天帝主宰的宇宙论。因此王弼认为只有老庄思想转与《周易》相近。只有从老庄入手转可入得孔学。这是王弼特地讲老庄无的哲学之微意。此等见解,从两汉经学传统言,实发前人所未发。因此不仅王弼的《周易注》出世而汉《易》遽衰,实是王弼的新宇宙论出世而两汉经学上旧的宇宙论亦告解体,此乃王弼在学术思想史上的大贡献。前汉人以阴阳家学说讲孔学,现在王弼何晏则以老庄思想讲孔学。此事王弼开端,而何晏承流赞扬,我们不妨称之为魏晋时代之新儒学。此下向郭解庄,依然承袭王何。直到东晋孙盛著《老聃非大贤论》,尚谓"唐虞不结绳,汤武不揖让,因时制宜也。老子执古之道,以御今之有,执今之有,以绝古之风"。这又完全以历史学家的眼光来批评老子,可说他仍是王何学的余响。故由王何以下,如郭象孙盛,都非全尊老庄,都置老庄于孔子之下,此为魏晋学术的正宗思想。后人一误于史书之歪曲事实,以正为邪。二误于读书不精,横议先贤,以王何为道家张目。其实都错了。

王何开始以老庄学来讲孔子,流风所被,却不免叫人推挹老庄在孔子之上,这就成为魏晋之玄学,嵇康阮籍是此种转变之主要人物。当时司马氏政权,一面笼络私德很高的贤士,来隐蔽其恶化政治的丑相。一面又不愿正人君子干预政事,以便为所欲为。因此逼得一般学者都意态消极,趋向老庄。此非王何之罪,而实是司马氏之罪。司马氏当时提倡私人道德,实际不啻提倡人藏头、掩面、虚伪,做假君子。阮籍嵇康在这种虚伪空气笼罩下激发,使他们决意转向老庄。老庄本来反对儒家之礼。老子说:"礼者,忠信之薄而乱之首也。"他们认礼为文饰虚伪。而尚质朴,尚率真。东汉以来,社会早走上虚伪文饰之途。曹氏司马氏篡窃相承,丑态百出,更令有心人深恶痛疾。又自郭泰许靖提倡人伦,臧否人物,社会上交朋接友,彼此推尊,渐成风气,因此朋党交游虚文末节,更充满了整个社会。朱穆《绝交论》,刘梁《破群论》,都想针对其弊而施匡救,但积重难返,直到魏晋之际,上下虚伪成习。阮籍目击此种状况,遂要破弃礼法,放浪人间,自称"礼法岂为吾辈设"。其言论行迹,容有过激,其心情怀抱,实亦可悲,而且可敬。史称阮籍性至孝,母死,适与人奕,不辍如故。及葬,尚食一蒸豚,饮斗酒,直言穷矣,呕血数斗。盖是诚孝,而不肯崇守儒礼。因他痛恶当时那些假孝子,外守丧礼,而内心不戚,与世同污,所以故意吃酒吃肉,不遵服制。其实他内心非常哀痛,并非凉薄不孝。此处阮籍亦似有些不免误解儒家制礼本意处。儒家制礼,本不为虚文假饰。孝子毁不灭性。古礼有云:“朝一溢水,夕一溢米,食无算。”又曰:“亲死,水浆不入口。”所以者何,由其当时悲不思食,但决不能因亲丧而废食。悲痛之余,再不好好保养,岂不毁了身体,则更非孝道。但在悲伤时,当然不想吃,待悲伤稍过,不妨便少吃些。如此,不致饿坏身体。亦不多吃,免得悲来伤胃。只能吃即吃,而每顿吃不使多,亦没有一定的时间限制,如此才不致因悲伤而害了健康。故儒家制礼,实为求合人情物理,并不为粉饰虚假。阮籍认为虚礼可厌,临葬其母,尚故意大吃酒肉。不知儒家“丧忌酒肉”正恐悲来伤胃。阮籍就吃了这亏,一时悲从中来,正因多吃了酒肉,遂致呕出血来。此乃因不遵礼而毁身伤性,究非中庸之道。但阮籍毕竟可算是当时一个狂者。阮籍谓礼法岂为吾辈设,不知儒家之礼,正为大忠大孝之人而设。故曰:“人而不仁如礼何,人而不仁如乐何。”现在阮籍心恨那辈不仁的假君子,自己又是一位热心肠人,却偏不肯讲礼法,就规矩,设使孔子遇之,决不会加以非罪,反而会要加以引进的。同时阮籍又是一个不忘情于政治的人,不过目击何晏夏侯玄诸人受戮,内心灰颓,想作一个明哲保身之士,只好不上政治舞台,闭口不臧否人物。但他父亲又是魏氏亲信,那时世方乱离,远避都会,又不可能,故使阮籍逼成此种狂态。其所为《咏怀》诗，寓意精微，为千古文学绝唱，其内心之愤激，诚非局外人所知也。

嵇康与阮籍，性格不同，他只是一个狷者。所为《养生论》，寓有极濠重的道家思想，亦可说是一篇很近科学的长生论，与一般神仙思想不同。其《与山巨源绝交书》，自谓“非汤武而薄周孔，会显世教所不容”，亦见他对现政治不满，遂竟为晋朝所诛。但阮籍嵇康虽与当时政府不合，他们的文采风流，则为世所重，蔚然成风。此后玄学兴盛，嵇阮两人实有大功。现在再将阮嵇与王何一比，则其间已有很大的不同。王何只就老庄通儒学，阮嵇则弃儒举就老庄。嵇阮以后，向秀郭象便专来注释《庄子》，显然是专尚玄虚，与王弼注《易》，何晏解《论语》，态度意境绝不同。但嵇阮都是至情人，都是真君子，他们的颓废放荡，实是受了政治和社会的影响，有激而然。我们若认王何为儒家，则嵇阮虽薄周孔，崇老庄，而思想意趣仍未出儒家范围。只因他们放荡不羁，破坏了仅存的一点虚礼教，私人道德，遂致毫无维系。政府社会公私俱弊，而晋室亦随之以亡。

向秀郭象为人，便不能与王何嵇阮相提并论。郭象注《庄》，多承向秀。今向书无传，而郭注则颇完好。大体仍以儒学来纠正庄子之过偏过激。如《庄子·逍遥游》，明明分别鷃鹏学鸠大小境界不同，但郭象偏要说鹏鸠大小虽异，自得则一。庄子明明轻尧舜而誉许由，但郭象偏要说尧舜是而许由非。可见向郭注《庄》，明非《庄子》本义。从前王何以老庄通儒学，现在向郭则以儒学纠老庄。然而王何犹可，向郭则非。何以故，老庄精义，本在对政治社会文化流弊有深刻之讥评，而能自己超然世外。

嵇阮并不能如老庄之气魄大,对政治社会整个大体下攻击,但他们还有超然绝俗之概。现在向郭则自引近人,却把儒家理论来自掩饰,自逃遁。既不能学儒家对政治社会积极负责,又不能如老庄对政治社会超然远避,这是两面俱不到家。故王何还是有规矩,还是积极的,嵇阮虽放荡,还是有性情,虽消极,还能超然远俗,至少于世无大碍。向秀郭象则是无性情的放荡,抱着消极态度,而又不肯超然远俗,十足的玩世不恭,而转把儒家的理论来掩饰遁藏。当时像王夷甫一辈人,便在这种理论下自满自得。向郭实不足为《庄子》之功臣,却不免为两晋之罪人。这是元康以下向郭时代的风气,与正始王何时代截然不同。《世说》注,竹林诸贤之风虽高,而礼教尚峻。迨元康中,遂至放荡贱礼。可见正始元康应有分别,当时人是知道的。后人推本穷源,遂把王何嵇阮连类同讥了。

向郭在当时,还自有他们的一番理论。及东晋南迁,大家索性在放荡上自娱自怡,连像向郭般的理论也没有了,这就成了东晋之"清谈"。清谈家还要讲究自己的真性情,而蔑视世俗之伪。他们看不起功利,不肯做一切事前事后的打算,他们认为如是才算率真。他们仅有这样一种意境,也懒得组成理论写文章。我们现在只有由《世说新语》中,看他们当时朝野名人的行事态度来推想他们的理论或意想。例如:"王子猷性好竹,行过吴中,见一士大夫家有好竹,主人已知子猷当往,乃洒扫施设,在听事坐相待。王肩舆径造竹下,讽啸良久。主已失望,犹冀还当通,遂直欲出门,主人大不堪,便命左右闭门不听出,王更以此赏主人,留坐尽欢而去。"王徽之此等态度,便是当时人所谓的率真。爱竹赏竹,是我真正目的,是天性所好。但为欲达此目的而去造访主人,敷衍款接,这就是俗套虚伪。王子猷讲究率真,所以想看竹便径去看竹,竹看了便走,再不愿和主人相委蛇。主人先慕子猷大名,洒扫恭候,这还未免俗套虚礼,正为子猷所不取。以后主人不堪,命左右闭门,这却也是一番真性情之表现,是率真,是放达,子猷因此赏识他。这事便够代表清谈家的意味。但此种意味,清而不深,如一潭秋水,没有波澜壮阔鱼龙出没之观。还不能像嵇康阮籍,还有火烈的真性情。清谈家如盆景花卉,虽亦有生命,有意态,只根盘不大,培壅太薄,没骨干,没气魄,不好算是真性情,因此也经不起大风浪,不能奋斗,易为外物所累。强要任情,反转成为矫情,不够真,不够率,这是清谈家直接向郭以来之毛病。而且清谈家的骨子里,也还是未必真够清。《世说》注引《中兴书》,王徽之卓荦不羁,欲为傲达,放肆声色颇过度,时人钦其才,秽其行。这恐不是王徽之一人如此,乃是当时清谈家之共同面相,共同格调。如此般的老庄,如此般的玄学,实不足以满足时人内心之真要求,于是只有让出佛教来指导人生。

此稿刊载于一九四五年七月六日

重庆《中央周刊》七卷二十六期

袁宏政论与史学

（一）

袁宏，字彦伯，东晋人，与桓温谢安同时。《晋书》入《文苑传》，以文章名世，而史学尤卓绝。宏以孤贫自拔，与并世清谈学派，风趣标致，多有扞格。盖宏乃一儒道兼融之学者，而确然可谓其承续儒家之大统。兹粗为摭述其思想如次，亦足代表晋代学风之一格也。

宏文最为后世传诵者，厥为《三国名臣颂》，其开始即曰：

> 夫百姓不能自牧，故立君以治之。明君不能独治，则为臣以佐之。

此乃中国儒家传统之政治职分论，晚明黄梨洲《明夷待访录》，《原君》《原臣》两篇要旨，此数语，正已涵括。宏之论史，其大体精神，亦由此引端。惟宏乃一衰世人物，又沉浸于当时清谈学派之氛围中，故其思想，多融会老庄道家，而究不失为以儒术为其思想体系之主干。如云：

> 夫江湖所以济舟，亦所以覆舟。仁义所以全身，亦所以亡身。然而先贤玉摧于前，来哲攘袂于后，岂天怀发中，而名教束物者乎？

此谓仁义亡身，即《庄子·外篇·骈拇》之旨也。然宏虽承认老庄一派所陈仁义亡身之事实，而其人生态度，则确然仍宗儒家。乃谓天怀发中，名教束物，是即仁义发于天怀，名教本之性真也。故使内外夹持，杀身成仁，舍生取义，其人其事，遂得不绝迹于斯世。斯正人道之可贵，不得以此转讥于仁义。此即《中庸》天命之谓性，率性之谓道，修道之谓教之遗意也。故宏又曰：

> 身虽可亡，道不可陨。（《世说·文学》篇注引《晋阳秋》）

则其取舍从违之间，辞旨凛然矣。

然宏毕竟处衰世，乃不能无取于老庄。故曰：

> 时方颠沛，则显不如隐。万物思治，则默不如语。是以古之君子，不患弘道难，患遭时难。遭时匪难，遇君难。故有道无时，孟子所以咨嗟。有时无君，贾生所以垂泣。夫万岁一期，有志之通涂。千载一遇，贤智之嘉会。遇之不能无

欣,丧之何能无慨。

史称宏生性强正亮直,虽被桓温礼遇,至于辩论,每不阿屈,故荣任不至。斯其所以寄慨之尤深欤?

(二)

自晚汉以来,人物臧否,特为时尚。宏有咏史之作,惜已不传。《世说·文学》篇注:宏以夏侯泰初何平叔王辅嗣为正始名士,阮嗣宗嵇叔夜山巨源向子期刘伯伦阮仲容王浚仲为竹林名士,裴叔则乐彦辅王夷甫庾子嵩王安期阮千里卫叔宝谢幼舆为中朝名士。惜其所评论,文俱不传,只鳞片爪,偶见于后世类书所引(《御览》四百四十七,七贤序),仍不足以见其评骘进退之大意。史称宏为大司马桓温府记室,为《东征赋》,赋末列称过江诸名德,而独不载桓彝。伏滔先在温府,与宏善,苦谏之,宏笑而不答。温甚忿,不欲显问。游山饮归,命宏同载,众为之惧。行数里,问宏:闻君作《东征赋》,多称先贤,何故不及家君?又宏赋不及陶侃,侃子胡奴,尝于曲室抽刃问宏,家公勋迹如此,君赋云何相忽?宏虽仗捷谲,皆获避祸,然其不能直情径辞,事亦可想。故又曰:

仁义不可不明,则时宗举其致。生理不可安全,故达识摄其契。相与弘道,岂不远哉?

故宏之自表见,仅在文史,而用心尤至者,则为其《后汉纪》。至其对于当世臧否,则无可得而深论也。

(三)

宏之《后汉纪》,特多论赞,可以备见其论史之宗旨。扼要言之,厥有两端。一曰名教,二曰性理。

名教二字,近起于晋,乐广所谓名教中自有乐地也。宏之论史,于名教尤所重视。其《后汉纪·自序》有云:

> 夫史传之兴,所以通古今而笃名教也。丘明之作,广大悉备。史迁剖判六家,建立十书,非徒纪事而已。信足扶明义教,网罗治体。然未尽之。……荀悦才智经纶,足为嘉史,所述当世,大得治功,已矣。然名教之本,帝王高义,韫而未叙。今因前代遗事,略举义教所归,庶以宏敷王道,"弥"前史之阙。

则宏之重视名教之意可见。宏又称名教为义教,名即义也。孟子曰:恻隐之心,仁之端也,羞恶之心,义之端也。若援宏说,则恻隐羞恶,即天怀发中也。立名仁义,本以为教,即是名教束物矣。故立名所以见义,而名之由立,实本人心。宏又说之曰:

> 夫名者,心志之标榜也。故行著一家,一家称焉。德播一乡,一乡举焉。故博爱之谓仁,辨惑之谓智,犯难之谓勇。

> 因实之名,未有殊其本者也。太上遵理以修,实理著而名流。其次存名以为己,故物怼。最下托名以胜物,故名盛而害深。故君子之人,洗心行道,唯恐德之不修,义之不高。崇善非以求名,而名彰于外。去恶非以邀誉,而誉宣于外。夫然,故名盛而人莫之害,誉高而世莫之争。

此节最可注意者有两语。一曰:名者心志之标榜。可见一切人文社会名义之建立,推求本原,皆出于人类心志之自然。即所谓天怀发中也。其次,宏谓太上遵理以修,理著而名流。则理者,即是天怀发中之本。《中庸》曰:天命之谓性,率性之谓道,修道之谓教。魏晋以下,喜用理字,而宏此处理字所指,即犹是天命与性。故遵理在前,流名在后。如博爱之谓仁,博爱即人之天性,亦即是天之所命,是即理也。遵此博爱之理,见之实事实行,乃因实立名,始谓之仁。则理即自然,名亦自然。仁义既出于自然之性理,仁义亦何害?魏晋时人思想,大体颇求参酌老庄,而汇归之于孔孟。宏之此说,正见当时风气。惟宏之所造诣,较之同时,特尤见为深美耳。

(四)

观于上引,阐述宏意,可由名教而贯通于性理。盖性理即名教之本,亦义教所归也。宏又曰:

> 夫生而乐存,天之性也。困而思通,物之势也。爱而效

> 忠，情之用也。故生苟宜存，则四体之重，不可轻也。困必宜通，则天下之欲，不可去也。爱必宜用，则北面之节，不可废也。此三涂者，其于趣舍之分，则有同异之辨矣。统体而观，亦如天人之理也。

夫生必乐存，困必思通，爱必效忠，此皆人性自然。性出天赋，故此乐性思通效忠之事，皆即天人之理。宋儒谓性即理，此义魏晋人远已言之，如宏亦其证矣。故如宏之说，即谓一切人事，一切历史演变，皆由天理人性为之本原，固无不可。先秦老庄道家，特揭自然的历史观，反议儒家，谓儒家主张一切人文建设，皆违背自然，宏变其说，重建一种性理的历史观，为儒家回护，谓性理即自然，若人文建设，一皆本之性理，即无背自然也。郭象注《庄》，亦特申此旨。惟象特玄言之，而宏之论史，则实言之，然其蕲于汇通儒道则一也。

宏又综贯性理与名教而一言之，以推极于治道。其言曰：

> 夫称至治者，非贵其无乱，贵万物得所而不失其情也。言善教者，非贵其无害，贵性理不伤，性命咸遂也。故治之兴，所以道通群心，在乎万物之生也。古之圣人知其如此，故作为名教，平章天下。天下既宁，万物之生全也。保生遂性，久而安之，故名教之益万物之情大也。当其治隆，则资教以全生。及其不足，则立身以重教。……夫道衰则教亏，幸免同乎苟生。教重则道存，灭身不为徒死。所以固名教也。汙隆者，世时之盛衰也。……而教道不绝者，任教之人

> 存也。夫称诚而动,以理为心,此情存乎名教者也。内不忘己,以(?)为身,此利名教者也。情于名教者少,故道深于千载。利名教者众,故道显于当年。……统体而观,斯利名教之所取也。

此处兼言性理与性命,命为性之所由始,理为性之所由见。非命则性无所禀,非理则性无可见。故以性理性命并言。所贵于治道者,即贵其不伤性理,使群生性命咸遂,而名教则由性理而作。保生遂性,乃老庄所喜言,顾不知名教之与治道,即所以使人得保生遂性也。称诚而动,以理为心,即率性之谓道也。情名教与利名教,则生知安行与学知利行之别也。老庄言自然率性,其流至于反对政治与教化。在宏之意,则治与教之缘起,皆本自然天性,而其呈效于人文社会者,亦即所以保遂其自然与天性也。

宏又一贯性理与名教而畅言之,其言曰:

> 夫君臣父子,名教之本也。然则,名教之作,何为者也?盖准天地之性,求之自然之理,拟议以制其名,因循以弘其教。辨物成器,以通天下之务者也。……未有违失天地之性,而可以序定人伦,失乎自然之理,而可以彰明治体者也。

然则名与教,正准之理与性而立。立君臣父子之名,而教忠教孝,人文社会之有君臣父子之伦,正自自然生,正是因循于性理之自然也。

（五）

宏之为说，又有专本于理字以言治化者。如曰：

> 夫物有方，事有类。阳者从阳，阴者从阴。本乎天者亲上，本乎地者亲下，则天地人物，各以理应矣。故干其一物，是亏其气，所犯弥众，所以寒暑不调，四时失序，盖由斯也。古之哲王，知治化本于天理，陶和在于物类。故道之德礼，威以刑戮，使赏必当功，罚必有罪，然后天地群生，穆然交泰。故斩一木，伤一生，有不得其理，以为治道未尽也，而况百姓之命乎？

天理二字，本始《乐记》，而魏晋人屡言之，不俟宋儒始盛言天理也。宏谓治化本于天理，此即就老庄治化当本自然之旨而转深一层说之，斯确然见其为儒义矣。

宏亦有专本于性情以言治化者。其言曰：

> 夫人生，合天地之道，感于事动，性之用也。故动用万方，参差百品，莫不顺乎道，本乎情性者也。……故因其所弘则谓之风，节其所托则谓之流。自风而观，则同异之趣可得而见。以流而寻，则好恶之心于是乎区别。是以古先哲王，必节顺群风，而导物为流之涂，而各使自尽其业，故能班叙万物之才以成务，经纶王略，直道而行者也。中古陵迟，

斯道替矣。上之才不能以至公御物,率以所好求物。下之人不能博通为善,必以合时为贵。故一方通而群方塞矣。夫好通恶塞,万物之情也。背异倾同,世俗之心也。中智且犹不免,而况常人乎?故欲进之士,斐然向风,相与矫性违真以徇一时之好,故所去不必同而不敢暴,则风俗迁矣。

宏之此节,盖谓一切治化本原,皆当顺于人之性情,而善为节导,俾使各尽所业,以共成天下之务。故治化本于天理,即是直道而行。若背于此义,在上者不以至公御物,而以私好求物,此乃一种权力政治,而在下者乃仰觊上之所好而揣摩趋附以求合,此乃一种功利世习。此《庄子·外篇·在宥》所谓将使天下之人淫其性,迁其德,而不安其性命之情者。然此非谓人文社会即可根本不需治化,乃谓治化之失其本原大义而致然也。

(六)

宏乃继此而言为治立法之大义,其言曰:

自古在昔,有治之始,圣人顺人心以济乱,因去乱以立法,故济乱所以为安,而兆众仰其德。立法所以成治,而民氓悦其理。是以有法有理,以通乎乐治之心,而顺人物之情者,岂可使法逆人心,而可使众兆仰德。治与法违,而可使民氓悦服哉?由是言之,资大顺以臣民,上言之道也。通分理以统物,不易之数也。……商鞅设连坐之令以治秦,韩非

> 论捐灰之禁以教国,而修之者不足济一时,持之者不能以经易世。何则?彼诚任一时之权利,而不通分理之至数也。故论法治之大体,必以圣人为准格。圣人之所务,必以大道通其法。……非理分而可以成治者,未之闻也。……推此以治,虽愚悖凶戾者,犹知法治所以使之得所而安其性者也。故或犯法逆顺,乱伦反性者,皆众之所疾,而法之所以加。是警一人而千万人悦,则法理之分得也。夫然则上下安和,天下悦服,又何论于法逆于理,理与法违哉?

宏意谓一切法制,皆当顺人情,通分理。所谓分理者,即是人之才性各异,情趣分别,职业多歧。若能本此立法,则法固可以济乱,可以安众。是则非法不当重,乃逆情违理之法之不可有也。

宏既论法,又论刑,其言曰:

> 夫民心乐全而不能常,盖利用之物悬于外,而嗜欲之情动于内也。于是有进取陵竞之行。希求放肆不已,不能充其嗜欲,则苟且侥幸之所生,……奸伪忿怒之所与。先王……欲救其弊,故先以德礼陶其心。其心不化,然后加以刑辟。……德刑之设,参而用之者也。……夫杀人者死,而相杀者不已,是大辟可以惩未杀,不能使天下无杀。……黥劓可以惧未刑,不能使天下无刑。故将欲止之,莫若先以德礼。夫罪过彰著,然后入于刑辟,是将杀人者不必刑也,纵而不死,则陷于刑辟矣。故刑之所制,在于不可移。礼教则不然。明其善恶,所以潜劝其情,消于未然也。示以耻辱,

所以内“化”其心,治之未伤也。故过而不甚于著,罪薄而不及于刑也。终入辜辟,非教化之所得也。故虽残一物之生,刑人之一体,是除天下之害,夫何伤哉?率斯道也,风化可以渐淳,刑罚可以渐少,其理然也。苟不化其心,而专任刑罚,民失义方,动陷刑网,求世休和,焉可得哉?

魏晋学者,精言刑法,宏之此论,弥见粹深。昔司马迁谓申韩卑卑,循名责实,原于老庄。若如宏所指,先之以礼教,而德刑参用,则何致流于申韩之惨酷乎?宏亦深通老庄道家精神,乃能挽而会通之于儒术,则其识超出于韩非之徒远矣。

宏又本此旨而言礼,其言曰:

礼,古之帝王所以笃化美俗,率民为善者也。因其自然,而不夺其情,民犹有不及,而况毁礼止哀,灭其天生乎?

宏谓礼亦因乎自然,本乎天性,所见卓矣。则又焉有所谓礼者忠信之薄而乱之首,而又复何有乎礼法岂为吾辈设之说乎?

宏又本此以言乐。其言曰:

乐之为用,有自来矣。……末世制作,不达音声之本,感物乖化,失序乎情性之宜。故虽钟鼓不足以动天地,金石不足以感人神,因轻音声之用,以忽感导之方,岂不惑乎?善乎嵇生之言音声曰:古之王者,承天理,必崇简易之教,仰无为之理,君静于上,臣顺于下,大化潜通,天下交泰,群臣安逸,自求多福。默然化道,怀忠抱义,而不觉其所以然也。和心足于内,则美言发于外。故歌以叙志,舞以宣情。然后文之以采章,昭之以风雅,播之以八音,感之以太和。导其神气,养而就之,迎其悦情,致而明之,使心与理相顺,言与声相应,合乎会通,以济其美。……故曰:移风易俗,莫善于乐。然乐之为体,以心为主,故无声之乐,民之父母也。夫音声和,至人情所不能已者也。是以古人知情不可放,故抑其所通。知欲不可绝,故因以致杀。故为可奉之礼,制可遵之声也。口不尽味,耳不极音,揆始之中,为之检则,使远近同风而不竭,亦所以结忠信,着不迁也。

然则礼乐皆出于自然,皆本乎情性,为言治化者所不可忽。尤其引嵇康叔夜之言,声无哀乐,以心为体,和乐之兴,上通天理。此皆魏晋人嘉言旨论,固不得与清谈放荡一概轻之也。

(七)

宏又本礼乐而言风俗,别华夷。其言曰:

夫民之性也,各有所禀。生其山川,习其土风。山川不同,则刚柔异气。土风乖则楚夏殊音。是以五方之民,厥性不均。阻险平易,其俗亦异。况乃殊类绝域不宾之族,以其所禀受,有异于人,先王……故分其内外,阻以山川。……夫中国,……德礼陶铸,为日久矣。有一土一民,不行先王之道,必投之四裔,以同殊类。今承而内之,以乱大伦,违天地之性,错圣人之化,不亦弊乎?昔伊川之祭,其礼先亡,识者观之,知其必戎。况西羌北狄,杂居华土?呜呼!六夷之有中国,其渐久矣!

此条因孝明纳西羌降种而发。宏生值五胡侵占中原,故言此尤沉痛。然其谓礼乐治教,当一本民性,而民性互异,则由于山川殊域,土风异宜,此皆深为明通之论,固非如老庄所谓建德之邦,赫胥氏之世,仅驰玄想,所能比拟矣。先秦老庄道家,一本其尊重自然之说,于治化礼乐法制,皆所轻反,徒游心于有史以前无证之幻想。今宏则切据史事,既承袭老庄尊重天性自然之旨,而一一为治化礼法开陈新义,挽以重反之于儒术,两汉以来,剀切深明,盖未有也。

宏又进而言政治上之物质建设,仪文节制之事。其言曰:

昔圣人兴天下之大利,除天下之大患,……使天下之民,各安其性命,而无夭昏之灾。是以天下之民,亲而爱之,敬而尊之。……故为之宫室,卫以垣墙。……为之旗旌,表以服章。……自民之心,而天下所欲心,而天下所欲为,故因而作制,为之节文。始自衣裳,至于车服,……各有品数。……尽其器用,备物而不以为奢,适务而不以为俭。……末世之主,行其淫志,……崇屋而不厌其高,玄黄而未尽其饰。于是民力殚尽,而天下咸怨。

此其为说,颇近荀卿。惟荀卿立论,似偏就政治体制言,宏则就为政者之兴利除害,得民尊亲而乐为以为言,则较荀尤深允矣。盖荀主性恶,旨重戡天,矫枉过正,力求反道家之说,而不悟其转陷于偏狭也。

宏又进而论治道之不能以无主,其言曰:

> 书称协和万邦,易曰万国咸宁,然则诸侯之治建于上古,未有知其所始者也。尝试言之,曰:夫百人聚,不乱则散,以一人为主,则斯治矣。有主则治,无主则乱,故分而主之,则诸侯之势成矣。总而君之,则王者之权定矣。然分而主之,必经纶而后宁。总而君之,必统体而后安。然则经纶之方,在乎设官分职,因万物之所能。统体之道,在乎至公无私,而天下均其欲。故帝王之作,必建万国而树亲贤,置百司而班群才,所以不私诸己,……分其力任。……虽富有天下,综理不过王畿。……故众务简而才有余,所任轻而事不滞。……秦有天下,毁废五等,……倾天下之珍,以奉一身之欲。举四海之务,以关一人之听。故财有余而天下分,怨不理而四海叛。……由此观之,五等之治,历载弥长。虽元首不康,诸侯不为失政。一国不治,天下不为之乱。故时有革代之变,而无土崩之势。郡县之立,祸乱实多。君无常君之民,尊卑迭而无别,去来似于过客。人务一时之功,家有苟且之计。机务充于王府,权重并于京师。……是以闺闼不净,四海为之鼎沸。天网一弛,六合为之穷兵。夫安势著于古代,历代之君,莫能创改,欲天下不乱,其可得乎?

此因政治必戴元首,而特推众建诸侯之美。盖有鉴于秦汉以来,王室积祸,故鲍敬有无君之论,而宏则不为偏激,深观史变,而主封建。封建即分权,即宏之所谓经纶也。此后晚明大儒顾炎武颜元之流,亦有鉴于明室之骤亡而议主封建,寻其为论,亦无以逾乎宏之所陈也。

宏既主众建诸侯,因亦主弗勤远略,然此实非《老子》小国寡民之说,乃儒家传统内中国而外夷狄之遗旨也。其言曰:

> 古之有天下者,非欲制御之也。贵在安静之。故修己不求于物,治内不务于外。自小至大,自近及远,树之有本,枝之有叶,故郊畿固而九服宁,中国实而四夷宾。夫唐虞之盛,……正朔所及,五千而已。……三代建国,弗勤远略。岐邠江淮之间,习其故俗。朔野辽海之域,戎服不改。……君臣泰然,不以区宇为狭。故能天下乂安,享国长久。至于秦汉,开其丘宇,方于三五之宅,故以数倍矣。然顾瞻天下,未厌其心。乃复西通诸国,东略海外。故地广而威刑不制,境远而风化不同。祸乱荐臻,岂不斯失。……故域外之事兴,侥幸之人至矣。

此节因论班超而发。晚近西欧帝国主义之勃兴,若以中国儒家义绳之,斯亦侥幸之人,鼓动生事,为王道所不取。而帝国基业,亦终不可久。岂非以地广而威刑不制,境远而风化不同之所限乎?

(八)

宏论政权分合,国制大小,义具上引。又论君权转移,深阐禅让与革命之皆出于自然。其言曰:

> 夫君位,万物之所重,王道之至公。所重在德,则弘济于仁义。至公无私,故变通极于代谢。古之圣人,知盛衰有时而然,故大建名教,以统群生。本诸天人而深其关键。以德相传,则禅让之道也。暴极则变,则革代之义也。废兴取与,各有其会。因时观民,理尽而动。……有德之兴,靡不由之。

就政治职分论其大义,则君位亦一职也。失职自当易位,此正治化之天理。在中国,固无君权神圣万世一统之说。然君位既万物所重,则理不尽,固未可轻率而拟议之。宏之此节,因魏文代汉而发。虽曰君理既尽,虽庸夫得自绝于桀纣。而谓汉德未衰,以不可取之实,而冒揖让之名。因辅弼之功,而当代德之号。欲比德尧舜,岂不诬哉?自今平心论之,宏所云云,要是当时正议,不得以近代人见解,谓其助长君权也。

宏论君位君权之转移,其说具如上述。又论举贤,谓:

> 夫帝王之道,莫大于举贤。举贤之义,各有其方。班爵以功,历试而进,经常之道也。若大德奇才,可以光昭王道,

弘济生民，虽在泥涂，超之可也。

既论举贤，又论任贤，其言曰：

夫金刚水柔，性之别也。员行方止，器之异也。故善御性者，不违金水之质。善为器者，不易方圆之用。物诚有之，人亦宜然。故肆然独往，不可袭以章服者，山林之性也。鞠躬履方，可屈而为用者，庙堂之材也。是以先王顺而通之，使各得其性，故有内外隐显之道。为末世凌迟，治乱多端，隐者之作，其流众矣。或利竞滋兴，静以镇世。或时难迍邅，处以全身。或性不和物，退以图安。或情不能嘿，卷以避祸。……有道之君，皆礼而崇之，所以抑进取而止躁竞也。呜呼！世俗之宾，方抵掌而击之，以为讥笑，岂不哀哉！

宏生丁衰乱，特倡崇隐之说。伯夷之清，伊尹之任，其有关世道一也。中国史上乃特有隐士一流，其于乱世，所以维系世运，保全生民之元气者，贡献实大。若为治者仅知任贤，而忽于尊隐，是犹知其一而昧其一耳。隐沦之风，若汲于老庄道家言为多。宏之斯论，会通儒道，斟酌两尽，厥识卓矣。至于嵇康被祸，嵇绍复出，凡此之类，居乱世而不获遂其隐退之情，而终以遭杀身之祸者，斯尤宏之所以致深慨也。

宏论举贤，又谕选善，其言曰：

夫称善人者，不必无一恶。言恶人者，不必无一

> 善。……善不绝恶，故善人务去其恶。恶不绝善，故恶人犹贵于善。夫然，故恶理常贱，而善理常贵。……苟善理常贵，则君子之道存也。……善义之积，一人之身耳，非有万物之助，而天下莫敢违，岂非道存故也。古之帝王，恐年命不长，惧季世之陵迟，故辨方设位，明其轻重，选群臣之善，以为社稷之寄。盖取其道存，能为天下正。呜呼！善人之益，岂不大哉！

《论语》：政者正也。《庄子》曰：受命于天，惟舜独也正。幸能正生，以正众生。宏主为政者选善以为天下正，此亦其真能会通儒道以立说之一端也。

（九）

凡宏论政，其荦荦大端，粗备上引。宏又综论上古以迄季汉历代政治风俗之利弊得失，而具陈其理想。其言曰：

> 古之为政，必置三公以论道德，树六卿以议庶事。百司箴规讽谏，闾阎讲肄，以修明业。于是观行于乡闾，察议于亲邻，举礼于朝廷，考绩于所莅。使言足以宣彼我，而不至于辨也。义足以通物心，而不至于为佞也。学足以通古今，而不至于为文也。直足以明正顺，而不至于为狂也。野不议朝，处不谈务，少不论长，贱不辩贵，先王之教也。传曰：不在其位，不谋其政，天下有道，庶人不议，此之谓矣。苟失

斯道,庶人干政,权移于下,物竞所能,人轻其死,所以乱也。

此节乃有感于季汉党锢之祸而发。诚主政治职分论者,其理想之政府,固必至此,斯在下者自将无所议于上。庶人之议,亦在上之失职有以致之。即如近代西方民主政治之兴起,苟使彼时为政者,不失其应尽之责任,亦何致举国骚动,王侯尊贵,一时齐上断头台,而社会群众死者,举国量若蕉乎?是则所谓庶人不议,仅以测政府尽职之所至,固非阻抑物情,禁防舆论,以便专制暴政之得以长肆于民上也。

老庄言自然,其所贵者有二。首在顺安性命之情,次则因应时会之变。此二义者,虽悬百世,莫可与易。宏之论政,大率本此两义。顺性之说,前引具详。其论因时随变,亦有卓识。其言曰:

会通异议,质文不同。……何邪?所遇之时异也。夫奕者之思,尽于一局,圣人之明,周于天下。苟一局之势未尝尽同,则天下之事岂必相袭哉?……经籍者,写载先圣之轨迹者也。圣人之迹不同如彼,后之学者,欲齐之如此,焉可得哉?故曰:《诗》之失愚,《书》之失诬,《易》之失贼,《礼》之失烦,《春秋》之失乱,不可不察。圣人所以存先代之礼,兼六籍之文,将以广物惯心,通于古今之道。今去圣人,几将千年。风俗民情治化之术将数变矣,而汉初诸儒,多案《春秋》,《春秋》之中,复有同异。……是非之伦,不可胜言。六经之道不可得详,而治体云为,迁易无度矣。昔仲

> 尼没而微言绝，七十子丧而大义乖。诸子之言，纷然散乱。太史公谈判而定之，以为六家。班固演其所而明九流。观其所由，皆圣王之道也。支流区别，各成一家之言。夫物必有宗，事必有主，虽治道弥纶，所明殊方，举其纲契，必有所归。寻史谈之言，以道家为统，班固之论，以儒家为高。二家之说，未知所辩。尝试论之，曰：……先王教化之道，居极则玄默之以司契，运通则仁爱之以教化。故道明其本，儒言其用，其可知也。……阴阳，……名，……法，……墨，……斯乃随时之迹，总而为治者也。后之言者，各演一家之理，以为天下法，儒道且犹纷然，而况四家者乎？夫为棺椁，遂有厚葬之弊，丧欲速朽，亦有弃尸之患。因圣人之言迹，而为支辩之说者，焉可数哉？

盖古之良史，莫不赅贯古今，兼通百家，然后可以立一定见，而凭之进退人物，臧否治道，以勒成一代之信史，而悬为后世之龟鉴。孔子《春秋》尚矣。继此有述，如司马氏《论六家要旨》，班氏述九流得失，此皆良史之才，夫岂偶焉而已。宏之此节，盖自附于孔子马班之遗意，所谓道明其本，儒言其用，一部《东汉纪》，即本此作。凡本篇所称引，其论议评隲，皆此二语可以赅之，此亦袁氏一家之言也。范晔《后汉书》，特汲其余绪，而陈寿《三国志》，则距此尤远。后世特以宏书有纪无传，不获预于正史之列，遂忽而轻之。然此乃著书体制，非关史识也。其论经籍，谓是写载先王之轨迹，此即后世所谓六经皆史，《庄子》所谓古人之糟粕。又曰：六经先王之陈迹，而非其所以迹。以此较之汉儒尊经,岂不卓出远甚乎?夫尚论古代学术者,必先六经,次百家。司马迁著《史记》,自谓闻之董生,本原《春秋》,其意在以史代经,而发明其所以迹。故班氏分别九流,司马《史记》列《六艺·春秋略》。则经即旧史,史即新经,此惟马班下迄于宏,抱此宏旨,而后无嗣响矣!爰就宏言,粗为部勒,欲治中国政治思想史,中国史学史者,皆可取材。至于尚论魏晋学术思想,此尤卓然成一家之言,不当忽而不顾也。

此稿成于一九五五年,刊载于是年十一月
《民主评论》六卷二十二期。

读《文选》

（一）

建安时代在中国文学史上乃一极关重要之时代，因纯文学独立价值之觉醒在此时期也。《诗》《书》以下迄于《春秋》乃及诸子百家言，文字特以供某种特定之使用，不得谓之纯文学。纯文学作品当自屈子《离骚》始。然屈原特以一政治家，忠爱之忱不得当于君国，始发愤而为此。在屈原固非有意欲为一文人，其作《离骚》，亦非有意欲创造一文学作品。汉代如枚乘司马相如诸人，始得谓之是文人。其所为赋，亦可谓是一种纯文学。然论其作意，特以备宫廷帝王一时之娱，而借以为进身之阶，仍不得谓有一种纯文学独立价值之觉醒存其心中也。

我所谓纯文学独立价值之觉醒，当于魏文帝曹丕之《典论·论文》得其证。《典论·论文》之言曰：

> 盖文章，经国之大业，不朽之盛事。年寿有时而尽，荣

乐止乎其身,二者必至之常期,未若文章之无穷。是以古之作者,寄身于翰墨,见意于篇籍,不假良史之辞,不托飞驰之势,而身名自传于后。

此始可谓是文学独立价值之觉醒。试以陈思王曹植《与杨德祖书》所言较之,便见意境迥不相侔。《书》谓:

辞赋小道,固未足以揄扬大义,彰示来世也。昔扬子云,先朝执戟之臣耳,犹称壮夫不为也。吾虽薄德,位为蕃侯,犹庶几戮力上国,流惠下民,建永世之业,流金石之功,岂徒以翰墨为勋绩,辞赋为君子哉!若吾志未果,吾道不行,将采庶官之实录,辩时俗之得失,定仁义之衷,成一家之言。虽未能藏之于名山,将以传之于同好。

此乃一种传统意见,惟认经史百家言为有价值,不认纯文学作品之同样有价值也。杨德祖答书,颇持异议,谓:

今之赋颂,古诗之流,不更孔公,风雅无别耳。修家子云,老不晓事,强著一书,悔其少作。若此,仲尼周旦之畴,为皆有諐耶。君侯忘圣贤之显迹,述鄙宗之过言,窃以为未之思也。若乃不忘经国之大美,流千载之英声,铭功景钟,书名竹帛,斯自雅量素所蓄也,岂与文章相妨害哉?

足征文章一观念,其时已渐臻独立,堪与功业著作鼎峙匹对矣。

文章观念既渐臻独立，斯必进而注意文章之独特体性与其独特技巧，此亦在魏文帝《典论·论文》始发其旨。其言曰：

> 夫文，本同而末异。盖奏议宜雅，书论宜理，铭诔尚实，诗赋欲丽，此四科不同，故能之者偏也。唯通才能备其体。

又曰：

> 文以气为主。气之清浊有体，不可力强而致。譬诸音乐，曲度虽均，节奏同检，至于引气不齐，巧拙有素，虽在父兄，不能以移子弟。

此分文章为四科，曰奏议，曰书论，曰铭诔，曰诗赋，是即后世所谓散体文与诗歌辞赋之两大类。而自《诗》《书》以下，《春秋》《史记》诸子百家言顾皆不预，此非文章观念渐臻独立之又一明证乎？文章既有独特之体，斯必有其独特之性，魏文帝专拈一气字说之，又以音乐为譬，于是文章遂成为一种独特之艺术，有其独特之技巧，此义前人所未道，故曰纯文学独特价值之觉醒，在此时也。

故魏文帝《典论·论文》在中国文学史上，实具有莫大贡献。文学本身具有不朽价值之明白主张，一也。开始提出文章之分体观，又指出各体文章之主要体性，即间接提供文章技巧之主要秘密，而遂确切奠定文学之艺术意义，二也。然建安文学之所以成其为一种开创，亦必至是而始得以纯文学作品目之者，则尚有故,请更引申而备论之。

(二)

盖建安文学之所由异于其前者,古之为文,则莫不于社会实际世务有某种特定之应用。经史百家皆然。故古有文章而无文人。下逮两汉,前汉有儒林,无文苑。贾董匡刘皆儒生也。惟邹枚司马相如之徒,不列儒林,是先已有文人之格,而尚无文人之称。文苑立传,事始东京,至是乃有所谓文人者出现。有文人,斯有文人之文。文人之文之特征,在其无意于在人事上作特种之施用。即如上举奏议书论铭诔诗赋四者,亦多应事成篇,尚非专一纯意于为文,亦尚非文人之文之至者。其至者,则仅以个人自我作中心,以日常生活为题材,抒写性灵,歌唱情感,不复以世用撄怀。是惟庄周氏之所谓无用之用,荀子讥之,谓其知有天而不知有人者,庶几近之。循此乃有所谓纯文学。故纯文学作品之产生,论其渊源,不如谓其乃导始于道家。如一遵孔孟荀董旧辙,专以用世为怀,殆不可有纯文学。故其机运转变,必待之东汉。至建安,乃始有彰著之特姿异彩呈现也。

所谓建安文学之特姿异采,可举魏武帝曹操《述志令》为例。诏令一体,其在两汉,庄严朴重,辞不风华,语忌佻易,此帝王庙堂体制也。至魏武作《述志令》,论其当时之地位,既已身为丞相,三子封侯,贵冠群伦。其作为令,亦以告其僚属,正犹古者诏诰之体。而魏武乃自述平生志愿身世,辞繁不杀,宛转如数家常。自称欲传道我心,又曰:恳叙心腹,所言皆肝鬲之要。此始成其为一种文人之文。虽亦用之于政令，而文体实属新创，此盖其时风尚意态之变之影响于文运则然耳。

其次可征建安文学之特姿异彩者，可举王粲《登楼赋》为说。汉人作赋，其先特承袭战国纵横策士遗风，铺张形势，夸述荣强，所以歆动人主，别有期求。其下者，又济之以神仙长生，歌舞醪牢，驰骋畋猎之娱，狗马声色之奉。大体不越于是矣。汉之初兴，天下未定，其时则有蒯通之徒。逮及文景，诸侯王骄纵，吴梁淮南盛招宾客，乃有邹阳枚乘之辈。司马相如由蜀赴梁，遂承其风而通其术，而为之更益闳丽。武帝尝读其《子虚赋》而善之，访求相问，相如曰：此诸侯之事，不足观，请为天子游猎之赋。于是乃赋上林。盖由列国策士，转成宫廷清客，其所为，主要在为皇朝作揄扬鼓吹，为人主供怡悦消遣，仅务藻饰，不见内心。扬雄亦蜀人，慕效其乡先辈司马长卿之所为，聿来汉廷，赋甘泉，赋长杨，然已时移世易，成哀之衰微，岂能与武帝一朝如日中天之比。无怪子云晚而悔之，既阁笔不复为辞赋，乃下帘寂寂，模《论语》作《法言》，效《易》草《太玄》。是征子云虽擅文人之笔，而乏文人之趣，彼似不知文人之自有天地，自有园囿。章如愚《群书考索》谓：雄之《太玄》《法言》，盖亦《长杨》《校猎》之流，而粗变其音节，此评可谓苛而深矣。

东汉班孟坚继起，时当汉室重光，乃赋两都，其言曰：

> 今论者但知诵虞夏之《书》，咏殷周之《诗》，讲羲文之《易》，论孔氏之《春秋》，罕能精古今之清浊，究汉德之所由。

又曰:

> 赋者,古诗之流也。昔成康没而颂声寝,王泽竭而诗不作。大汉初定,日不暇给。至于武宣之世,乃崇礼官,考文章,内设金马石渠之署,外兴乐府协律之事,以兴废继绝,润色鸿业。言谈侍从之臣,若司马相如虞丘寿王东方朔枚皋王褒刘向之属,朝夕论思,日月献纳,而公卿大臣御史大夫倪宽,太常孔臧,太中大夫董仲舒,宗正刘德,太子太傅萧望之等,时时间作。或以抒下情而通讽谕,或以宣上德而尽忠孝。雍容揄扬,著于后嗣,抑亦雅颂之亚也。故孝成之世,论而录之,盖奏御者千有余篇,而后大汉之文章,炳焉与三代同风。

班氏所言,意求提高汉赋地位,欲使上媲雅颂,洵所谓摅怀旧之蓄念,发思古之幽情矣。而究其所为,亦不过曰扬缉熙,宣皇风,下舞上歌,蹈德咏仁,仅以为时王昭代张大光美耳。故班氏之自称曰:

> 义正乎扬雄,事实乎相如。

子云仕衰微之朝,而虚骋颂美之辞,故曰义不正。长卿当盛德之世,而徒壮上林之乐,故曰事不实也。

继班氏而作者,有张平子之赋两京,寻其意趣,亦不过曰一反陋今荣古之俗,求跻大汉之德馨于上古三代之盛而已。如班张二人之所为,姑无论其当否,要之时过境迁,太平不复睹,则颂声难为继。班张所唱，事必中竭，无可常续，断不能与雅颂之辅治道者相媲矣。

抑班张之作，虽曰思古怀旧，力追昔人之前轸，而实有其开新之一面。前汉诸赋，大体多在铺张揄扬，题材取诸在外。至于班张，始有叙述自我私生活与描写一己之内心情志者，如孟坚《幽通赋》，平子《思玄赋》，此皆体袭楚骚，义近灵均，此乃班张作赋之另一面也。而平子《归田》一赋，尤为杰出。在其前者，有班叔皮之《北征》，曹大家之《东征》，亦以作者自我私生活为题材。《汉书叙传》称：桓谭欲借班嗣家书，嗣报曰：渔钓一壑，则万物不奸其志。栖迟一丘，则天下不易其乐。《叙传》又称，嗣性好老庄，叔皮嗣之从弟，实亦染道家言。《北征》之乱曰：

> 夫子固穷，游艺文兮。乐以忘忧，惟圣贤兮。达人从事，有仪则兮。行止屈申，与时息兮。

所陈虽本儒训，情趣实兼聃周。此风直至建安，乃无弗然。吴质《答东阿王》，所谓钻仲父之遗训，览老氏之要言也。

惠姬承其家学，其《东征》之乱曰：

> 君子之思，必成文兮。盍各言志，慕古人兮。先君行止，则有作兮。虽其不敏，敢不法兮。

又曰：

> 贵贱贫富，不可求兮。正身履道，以俟时兮。修短之运，愚智同兮。靖恭委命，唯吉凶兮。敬慎无怠，思嗛约兮。清静少欲，师公绰兮。

班氏一门，既熏陶于庄老者至深，故能游艺述志，萧然自申于尘俗之外而无所于屈。以此较之马扬之所为，亦所谓昂首天外，游神物表，清浊既别，霄壤斯判。故曰中国纯文学之兴起，论其渊源，当上溯之于道家言，即此亦其证也。

孟坚《幽通赋》屡及道字，曰：道混成而自然兮。又曰：矧耽躬于道真。则孟坚亦承其家学，而沉浸于道家言。其乱曰：

> 天造草昧，立性命兮。复心弘道，惟圣贤兮。浑元运物，流不处矣。保身遗名，民之表兮。

此亦道家言也。沈约《宋书·谢灵运传论》，谓自汉至魏，四百余年，辞人才子，文体三变：相如工为形似之言，二班长于情理之说，子建仲宣以气质为体，此亦以班氏父子为前汉至建安中间一过渡也。

平子题标《思玄》，其宗《老子》更显。故曰：

> 御六艺之珍驾兮，游道德之平林。结典籍而为罟兮，欧儒墨而为禽。玩阴阳之变化兮，咏雅颂之徽音。嘉曾氏之归耕兮，慕历阪之嵚崟。

其乱曰：

天长地远岁不留，俟河之清只怀忧。愿得远渡以自娱，上下无常穷六区。超逾腾跃绝世俗，飘摇神举逞所欲。天不可阶仙夫稀，柏舟悄悄吝不飞。松乔高峙孰能离，结精远游使心携。回志朅来从玄谋，获我所求夫何思。

时命屯邅，儒术难施，遂逃而从玄，情趣显然矣。其尤皎著者在《归田赋》。五臣李周翰曰：

衡游京师，四十不仕。顺帝时，阉官用事，欲归田里，故作是赋。

其辞曰：

游都邑以永久，无明略以佐时。徒临川以羡鱼，俟河清以未期。……谅天道之微昧，追渔父以同嬉。超埃尘以遐逝，与世事乎长辞。……仲春令月，时和气清。原隰郁茂，百草滋荣。王雎鼓翼，仓庚哀鸣，交颈颉颃，关关嘤嘤，于焉逍遥，聊以娱情。尔乃龙吟方泽，虎啸山丘，仰飞纤缴，俯钓长流。触矢而毙，贪饵吞钩。……于时曜灵俄景，继以望舒。极盘游之至乐，虽日夕而忘劬。感老氏之遗诫，将回驾乎蓬庐。弹五弦之妙指，咏周孔之图书。挥翰墨以奋藻，陈三皇之轨模。苟纵心于域外，安知荣辱之所如。

此殆如陶彭泽《归去来辞》。沈约《宋书·谢灵运传论》称之,曰:平子艳发,文以情变,绝唱高踪,久无嗣响。可证文章本乎意境,意境随乎时事。世运既衰,庄老斯兴。用世之情歇,而适己之愿张。不供庙堂作颂,乃为自我抒郁。作者一己之心情变,而文运亦随而变。班张两家,同在其一身先后之间,而意气之盛衰,文辞之丰清,可以迥然不同。而庄老道家言,其于此下新文学之关系,亦其证凿凿矣。

然大体言之,班张两家,题材已新,文体犹旧。藻重则情不彰,辞丽而景不切。马扬繁缛,仅求形似,本乏内心。班张效其体,犹之璎珞稠披,难于妙舞。铿锵杂陈,掩其清音。此正庄生之所讥文灭质而博溺心也。故知《归田》一赋之清新洒落,如溽暑之候而凉风徐拂之尤为爽人心脾也。

逮及建安,王仲宣《登楼赋》一出,而始格貌全新,体态异旧。此犹美人罢宴,卸冠佩,洗芳泽,轻装宜体,颦笑呈真。虽若典重有减,而实气韵生动。自此以降,田野重于庙堂,闺房光于殿阁,题材意境,辞藻体气,一切皆变。此风一畅,不可复止。昔人亦有言,欢乐之辞难精,忧虞之言易工,梧桐叶落,潭水始清,此亦时代之影响心情,心情之激发文辞者则然也。

抑又有进者。寻班张二家之作,不意存雅颂,即心冀玄旷。究其识趣所极,不曰《诗》《书》,则曰老氏。古人著述,六艺百家,途辙分明,存着其胸怀间,其辞则仿扬马,其情则追孔老,固未能空所依傍,豁见己真也。王粲《登楼》则不然,即就目前之景色,直抒心中之存抱,非经非子,不老不孔,而粹然惟见其为文人之文焉。宜乎魏文特称之,曰仲宣独自善于辞赋矣。故曰文学独立之觉醒,必至建安而始然。因建安为文,心中若无古人,此尤其长也。章实斋《文史通义》,必谓著作衰而后有文集,此亦一偏之见,未为公允之论。然此亦非谓班张才情于此有不逮,而建安之造诣乃始独出也。盖文运之递变,移步换形,方其未达,虽极智难于强窥,及其既到,而当时有不知其已然者。此中甘苦,苟能略晓一二,亦庶可以稍息狂瞽者之妄为主张,而轻肆讥评焉耳。

（三）

然论建安文体,固尚不以此为极则。窃谓当时新文佳构,尤秀出者,当推魏文陈思之书札。此等尤属眼前景色,口边谈吐,极平常,极真率,书札本非文,彼等亦若无意于为文,而遂成其为千古之至文焉。至是而文章与生活与心情,三者融浃合一,更不见隔阂所在。盖文章之新颖,首要在于题材之择取,而书札有文无题,无题乃无拘束,可以称心欲言也。古人书札,亦有上乘绝顶之作,如乐毅之《报燕惠王》,司马子长之《报任少卿》,皆是也。然皆有事乃发,虽无题而有事。建安书牍,乃多并事无之,仅是有意为文耳。无事而仅为文,所以成其为文人之文。文人之文而臻于极境,乃所以成其为一种纯文艺作品也。

然建安诸子,诚已到此境界,却仍未鲜明扩开此意识。不仅陈思王如此,即魏文帝亦复如此。故其《典论·论文》,终曰:惟徐干能著论成一家言。又其《与吴质书》亦曰:伟长著中论二十篇,成一家之言,辞义典雅,足传于后,此子为不朽矣。魏文屡称徐干,又深惜应璩,曰:德琏常斐然有述作之意,其才学足以著书。美意不遂,良可痛惜。是魏文心中所追向,亦仍以古人著书成一家言者为其最高之准则。彼固未尝确认彼当时所随意抒写,倾吐心臆,薄物短篇,若无事为文者,而终能为文章之绝唱,亦可与古者一家之言同传于不朽也。

故建安以下作者继起,终是结习难祛,为文以赋为大宗,为赋仍自以汉人为极则。左太冲赋三都,构思十稔,洛阳为之纸贵,是其证也。陆机《文赋》有云:

> 夸目者尚奢,惬心者贵当。言穷者无隘,论达者唯旷。诗缘情而绮靡,赋体物而浏亮。

亮哉斯言。盖赋以体物,正贵穷言夸目。诗本缘情,乃求旷怀惬心。所谓旷者,乃指心中无事物,无存藏,乃可直睹心真,而本以为言,乃有所谓惬心而得当也。陆氏又言之,曰:

> 课虚无以责有,叩寂寞而求音。函绵邈于尺素,吐滂沛乎寸心。

凡兹所言,皆妙发诗人之深致。若操毫为赋,何待课虚无,叩寂寞乎?若马扬之为,累牍盈篇,惟堆浮艳,更复于何处觅其方寸之所蕴蓄乎?至如平子《归田》,仲宣《登楼》,正以缘情而有作,岂在象事体物之必穷形而尽相乎?文心不同,题材亦别,后之作者,犹相竞以赋体为之,此所谓旧瓶盛新酒也。

（四）

然则为建安文风开先者，当在诗，而非赋。了于此义，乃可以论《古诗十九首》之年代。《古诗十九首》应出东汉，其事确凿有内证。如曰：

驱车策驽马，游戏宛与洛。洛中何郁郁，冠带自相索。

又曰：

驱车上东门，遥望郭北墓。

此等诗明出东汉，昔人多已言之矣。至云：

明月皎夜光，促织鸣东壁。玉衡指孟冬，众星何历历。白露沾野草，时节忽复易。秋蝉鸣树间，玄鸟逝安适。

李善曰：

《春秋运斗枢》曰：北斗七星，第五曰玉衡。《淮南子》曰：孟秋之月，招摇指申。然上云促织，下云秋蝉，明是汉之孟冬，非夏之孟冬矣。《汉书》曰：高祖十月至灞上，故以十月为岁首。汉之孟冬，今之七月矣。

此条若确证此诗应在汉武太初改历之前。然太初以前,虽以十月为岁首,而四季之名实未改,此事清儒王引之考之甚详,则此诗之孟冬,盖是孟秋字讹耳。

又如曰:

> 凛凛岁云暮,蝼蛄夕鸣悲。凉风率已厉,游子寒无衣。

李善曰:

> 《礼记》曰:孟秋之月凉风至。

或者又疑:七月凉风至而云岁暮,似亦太初前以十月为岁首故云。不悟此诗并不言凉风初至,而云凉风已厉。凉风至为七月,凉风厉岂亦在七月乎?

又如曰:

> 回风动地起,秋草萋已绿。四时更变化,岁暮一何速。

此若秋草紧接岁暮,而细审仍未是。五臣注吕向曰:

> 秋草既衰,复盛绿。萋,盛貌。

盖草衰在秋,复盛萋绿在冬,而草长则在春。此皆不足证《古诗十九首》有出武帝太初改历前者。

徐陵《玉台新咏》以《行行重行行》,《青青河畔草》,《西北有高楼》,《涉江采芙蓉》,《庭中有奇树》,《迢迢牵牛星》,《东城高且长》,《明月何皎皎》八首皆枚乘作。或曰:子又乌以见《玉台新咏》之必无据,而此八诗之必非枚乘作乎?曰:治文学史者,首贵能识别时代,又贵能直探各时代作者之文心。西汉正是辞赋时代,世运方隆,作者多气浮情夸,追慕在外,曾未触及一己内心深处,又于人生悲凉面甚少体悟。刘勰《文心雕龙》云:汉成帝品录乐府诗三百余篇,不见有五言。窃谓纵云西汉可有五言诗,亦终不能有《古诗十九首》。《古诗十九首》乃衰世哀音,回肠荡气,感慨苍凉。钟嵘《诗品》谓其惊心动魄,一字千金者是也。方其时,煊烂已过,木落潭清,凡属外面之藻饰铺张,既已无可留恋,乃返就眼前事,直吐心中话,其意兴萧飒,寄托沉郁,已开诗人之时代,远与西汉辞赋蹊径隔阔。且西汉人心中仅知有黄老,而《古诗十九首》则转途向老庄,此又绝不同也。枚乘尚在汉武前,厕身吴梁游士宾客间,于吴濞骄悖,梁王奢纵,皆有诤讽。景帝曾拜为弘农都尉。及武帝即位,又蒲轮征之,死于道路。此人毕生在政治场中,关心世事。《玉台新咏》所隶八诗,皆与其身世经涉社会情况有不类。且乘于当时文士圈中负盛名,为魁杰。其子枚皋,又入武帝内廷,一时辞赋之士,皆所交游。若乘生前吟此八诗,新体别创,伟辞独铸,何其后绝无人焉慕而效之,埋藏冷落两百年,必待东汉季世,此种五言诗体乃又一时崛兴,与此枚乘八诗,遥相应接乎?此又无说以处者。

朱彝尊《曝书亭集·书玉台新咏后》,谓:

> 《古诗十九首》,以徐陵《玉台新咏》勘之,枚乘诗居其八。至《驱车上东门》,载《乐府·杂曲歌辞》。其余六首,《玉台新咏》不录。就《文选》本第十五首而论,生年不满百,常怀千岁忧,昼短苦夜长,何不秉烛游,则《西门行》古辞也。古辞夫为乐,为乐当及时,何能坐愁怫郁,而复待来兹。而《文选》更之曰:为乐当及时,何能待来兹。古辞贪财爱惜费,但为后世嗤,而《文选》更之曰:愚者爱惜费,但为后世嗤。古辞自非仙人王子乔,计会寿命难与期,而《文选》更之曰:仙人王子乔,难可与等期。裁剪长短句作五言,移易其前后,杂糅置《十九首》中,没枚乘等姓名,概题曰古诗,要之皆出《文选》楼中诸学士之手也。

朱氏此辨,极为无理。一文体之新创,往往可出于几许不知名人之手,乃益证其天籁心声,妙出自然。《文选》所载诗篇,无不备详作者主名,何独于枚乘八诗必加以掩没乎?若谓《生年不满百》一首由古辞来,此可谓五言诗与乐府古辞有关系,不知何人,裁剪此篇成五言,事亦可有,何必定出《文选》楼中诸学士乎?至近人梁启超辨之则曰:

> 《西门行》古辞,《乐府诗集》引《古今乐录》,谓据王僧虔《技录》,《古西门》一篇,今不传,然则僧虔时其诗已佚,诗集所录,乃据《乐府解题》。但其辞意浅薄,似采《古诗十九首》添补而成,非古辞。

此亦可备一疑,然未见其必然也。

《文选》又有苏李《河梁赠别诗》,因谓五言始苏李。然此诸篇,非苏李作,昔人辨者亦多,其辞与苏李当时情节甚不符,读者可以自见,不烦一一详论。《汉书》载李陵作歌曰:

> 行万里兮渡沙漠,为君将兮奋匈奴。路穷绝兮矢刃摧,士众灭兮名已隤。老母已死,虽欲报恩将安归。

以此与《河梁诗》相较,远为近真。又有班倢妤《怨歌行》,亦五言,《文选》李善注引歌录但称古词,故刘勰《文心雕龙》谓李陵班倢妤见疑于累代也。然则谓五言诗当起东汉,事盖无疑。

刘勰《文心雕龙》又曰:

> 建安之初,五言腾踊。文帝陈思,纵辔以骋节。王徐应刘,望路而争驰。

又曰:

> 造怀指事,不求纤密之巧。驱辞逐貌,惟取昭析之能。是其所同。

故知建安文学,论其精神,实当自当时新兴之五言诗来,而并不上承汉赋。缘情与体物为代兴,亦即此可证矣。钟嵘《诗品》谓:《古诗十九首》中《去者日以疏》,《客从远方来》二首,旧疑建安中陈思王所制,窃谓此实较《玉台新咏》以《行行重行行》等八诗归之枚乘,远为近情也。

(五)

抑余谓建安诗体骤兴,其事与古乐府有关,尚可举《文选》所收魏武帝乐府诗两首为证。一《短歌行》四言,其辞曰:

> 对酒当歌,人生几何。譬如朝露,去日苦多。
> 慨当以慷,忧思难忘。何以解忧,唯有杜康。
> 青青子衿,悠悠我心。但为君故,沉吟至今。
> 呦呦鹿鸣,食野之苹。我有嘉宾,鼓瑟吹笙。
> 明明如月,何时可掇。忧从中来,不可断绝。
> 越陌度阡,枉用相存。契阔谈讌,心念旧恩。
> 月明星稀,乌鹊南飞,绕树三匝,何枝可依。
> 山不厌高,海不厌深,周公吐哺,天下归心。

李善注引《魏志》曰:

> 武帝从军三十余年,手不舍卷,昼则讲军策,夜则思经传。登高必赋,乃造新诗。被之管弦,皆成乐章。

今按:魏武此诗,乃效《小雅・鹿鸣》而作也。诗中亦明引《鹿鸣》旧句。盖此诗分主客相对叙述。前两章共八句,乃设为诸贤居乱世，多抱忧思，故劝其不如饮酒。次三四章共八句，乃武帝自述思贤若渴，故曰但为君故，沉吟至今，今诸贤既集，故鼓瑟吹笙以喜乐之也。下五章四句，又重言居乱世之多忧。六章四句，故贵谈讌相存，以恩义相结也。七章述诸贤良禽择木之意。八章述作者优贤礼士之心。读者试设身处地，若亲入魏武幕府，饮讌之次，听此乐歌，能无知己感激之意，怀恩图报之心乎？

又《苦寒行》五言，其辞曰：

北上太行山，艰哉何巍巍。羊肠阪诘屈，车轮为之摧。
树木何萧索，北风声正悲。熊罴对我蹲，虎豹夹路啼。
溪谷少人民，雪落何霏霏。延颈长叹息，远行多所怀。
我心何怫郁，思欲一东归。水深桥梁绝，中道正徘徊。
迷惑失故路，薄暮无宿栖。行行日已远，人马同时饥。
担囊行取薪，斧冰持作糜。悲彼东山诗，悠悠使我哀。

此诗乃效《豳风·东山》，诗中亦明引之。读者试设身如自在行伍中，亲历此诸苦，军中主帅，作此歌辞，相与同唱，岂不使三军一时有挟纩之感乎？

魏武此两诗，亦我所谓眼前事，口头话，而心中一片真情，所谓直接歌咏人生，与人以同感，而其诗又自乐府来，可被弦管。如此，始可谓其确有深得于古诗风雅之遗意矣。上较司马相如班孟坚，仅骋辞墨，浮夸不实，岂堪相提并论哉。

《文选·乐府》收魏武两诗外，尚有魏文帝两首，陈思王四首，气度风骨，已见远逊，然亦师仿父意而作也。魏文四言《苦哉行》,五臣张铣曰:山林之人,节行危苦,欲其入仕以取逸乐,此犹魏武之《短歌行》也。其七言《燕歌行》,五臣吕延济曰:此妇人思夫之意。窃疑此首作意,亦犹魏武之《苦寒行》,盖借闺妇之怨思,以慰羁宦之久旷,一反《东山》诗之笔法语意而善用之者也。陈思王四首,《箜篌引》言乐饮,《名都篇》言射猎,《美女篇》喻贤士难屈,犹魏武之歌绕树三匝也。《白马篇》言壮士捐躯赴国难,则仍师魏武《苦寒行》之意而微变焉者也。

然则曹氏父子所为乐府,在其当时,亦皆有对象用意。一为宾客僚从饮宴而作,一为军旅行役劳苦而歌。循此思之,二曹书札,所以叙朋旧,忆欢娱,道契阔,念死亡,亦有魏武《短歌行》之用心,固非尽无端而发者。魏文令诸臣同作阮瑀《寡妇赋》,亦即《燕歌行》之意也。此皆所以通上下之情志,结群士之欢心。而建安诸臣公讌赠答诸什,亦由此而起。文学之于时代,时代之于心情,心情之于生活,沆瀣一气,皆于咏叹淫佚中泄发之。而此种流风余韵,遂以影响后代,久而弥盛,开文苑之新葩。推原其始,亦可谓由魏武一人启之也。杜甫诗:将军魏武之子孙。以唐之诗圣,而盛赞魏武之为人,亦见其别有会心矣。

综观建安一代之文风,实兼西汉赋家之夸大奢靡,与夫东汉晚期《古诗十九首》中所表达之颓废激荡,纵横家言与老庄思想相间杂出,宫廷文学与社会文学融铸合一,而要为有一种新鲜活跃之生命力贯彻流露于其间,此则为以下承袭者所不能逮也。

（六）

建安以降，文学遂分两大宗。一曰体物之赋，一曰缘情之诗。而缘情之风终胜于体物，盖前者特遗蜕之未尽，后者乃新芽之方茁。而其同为趋向于一种纯文学之境界而发展则一也。其有别者，体物重于外照，缘情重于内映。外照者，谓其以外面事物为对象，而加以描述，作者本身则超然文外。此种文学，亦可发展为神话，为寓言，为小说、戏剧，而在中国，此一枝成熟殊晚。其时所得谓之外照文学者，则惟赋之一体，沈约所谓相如工为形似之言者是也。惟其重在外照，故其描述必求特殊而具体。内映者，主以一己之内心情感为中心，使作品与作者相交融。此体惟诗最适，而其抒写必抽象而空灵。盖事物在外，可由客观。而文学上之描写，则必以表出每一事物之独特之别相为能事。否则即不见所描写之真实也。心灵在内，限于主观。而文学描写，则以揭发人心普遍之共相为能事。否则亦无以获读者之共鸣也。故体物不嫌纤密，用字贵多藻饰，藻饰所以穷极其形相。谋篇贵能展张，展张所以具备其体段。此正赋体所长。而抒情之作，则贵直凑单微，把捉此最敏感，最深刻之心灵活动之一刹那，而与人以共晓共喻。此既无事于丽采，亦复甚忌作曼衍。故诗体尚单纯，尚涵蓄，颊上三毫，传神阿堵，少许可以胜多许，所谓不著一字，尽得风流。而建安以下之风气，于此两途似未能明晰划分，虽尚缘情之作，仍重藻饰之工。既喜建安之清新，仍守两汉之窟穴。历史进展，每有半明半昧之势。而要之，建安以下，我所谓纯文学独立价值之觉醒之一端,则可谓已臻于一种昭朗之境界矣。今试据梁昭明太子《文选》之序目,不惮委悉详说之,以重申我上文之所论。

《文选序》:

> 式观元始,眇觌玄风。冬穴夏巢之时,茹毛饮血之世,世质民淳,斯文未作。逮乎伏羲氏之王天下也,始画八卦,造书契,以代结绳之政,由是文籍生焉。

今按:古人言文质,并不指文籍与文学言。古人言文学,亦非后世所谓之文学也。昭明此序,始以后世文学家眼光叙述历史,此古人所未有也。

> 《易》曰:观乎天文以察时变,观乎人文以化成天下,文之时义大矣哉。若夫椎轮为大辂之始,大辂宁有椎轮之质。增冰为积水所成,积水曾微增冰之凛。何哉?若踵其事而增华,变其本而加厉,物既有之,文亦宜然。随时变改,难可详悉。

今按:建安以降,不断能对文学抱新观念,有新创造,故昭明此序,乃能以变动的历史眼光叙述文学,此亦前人所未有也。

> 尝试论之,曰:《诗序》云,《诗》有六义焉,一曰风,二曰赋,三曰比,四曰兴,五曰雅,六曰颂。至于今之作者,异乎

> 古昔。古诗之体,今则全取赋名。荀宋表之于前,贾马继之于末。自兹以降,源流实繁。述邑居则有凭虚亡是之作,戒畋游则有长杨羽猎之制。若其纪一事,咏一物,风云草木之兴,鱼虫禽兽之流,推而广之,不可胜载矣。

此述赋体来源及其演变。

> 又楚人屈原,含忠履洁,君匪从流,臣进逆耳,深思远虑,遂放湘南。耿介之意既伤,壹郁之怀靡愬。临渊有怀沙之志,吟泽有憔悴之容。骚人之文,自兹而作。

此述屈子《离骚》,下开诗境,以其同属言志抒情,故连类而及,以示别于上述纪事咏物之赋也。宋玉与荀卿并举,列之在前,顾独以骚体归之屈子,不与荀宋为伍,此一分辨,直探文心,有阐微导正之功矣。其前皇甫谧《三都赋》序,已发其旨。曰:

> 贤人失志,词赋作焉。孙卿屈原之属,存其所感,咸有古诗之意。皆因文以寄其心,托理以全其制,赋之首也。及宋玉之徒,淫文放发,言过于实,夸竞之兴,体失之渐,风雅之则,于是乎乖。

昭明之序,即承士安此旨也。《隋书·艺文志》论《文赋》之体,乃深美乎屈宋邹严枚马。又谓永嘉以后,玄风既扇,辞多平淡,文寡风力。降及江东,不胜其弊。此乃唐初人意见,衡评标准,远为肤浅,漫失屈宋骚赋之辨,不足以语乎前人之深旨矣。

> 诗者,盖志之所之也。情动于中而形于言,关雎麟趾,正始之道著。桑间濮上,亡国之音表。故风雅之道,粲然可观。自炎汉中叶,厥途渐异,退傅有在周之作,降将著河梁之篇,四言五言,区以别矣。又少则三字,多则九字,各体互兴,分镳并驱。

此述汉以后之诗篇。虽固上承风雅,亦复近师屈骚,而与赋分途,可谓卓切之论。惟谓五言源于河梁,则不可信。要其单拈情志以言诗,是实透宗之见也。

> 颂者,所以游扬德业,褒赞成功。吉甫有穆若之谈,季子有至矣之叹。舒布为诗,既言如彼。总成为颂,又亦若此。

此下总述赋与诗以外之各体文而首及于颂,以上述文学渊源,专举诗三百,颂体显自诗来,故先及也。

> 次则箴兴于补阙,戒出于弼匡。论则析理精微,铭则序事清润。美终则诔发,图像则赞兴。又诏诰教令之流,表奏笺记之列,书誓符檄之品,吊祭悲哀之作,答客指事之制,三言八字之文,篇辞引序,碑碣志状,众制锋起,源流间出。譬陶匏异器,并为入耳之娱。黼黻不同,俱为悦目之玩。作者

之致，盖云备矣。

自颂以下所述各体，皆属上文所谓于社会实际世务有某种特定之使用者。故昭明此序，连类而及，而复以陶匏黼黻为譬也。若论文章正宗，则惟赋与诗，故昭明之书首列之。故以谓之乃一种文学独立价值之观念之觉醒也。

余监抚余闲，居多暇日，历观文囿，泛览辞林，未尝不心游目想，移晷忘倦。自姬汉以来，眇焉悠邈。时更七代，数逾千祀。词人才子，则名溢于缥囊。飞文染翰，则卷盈乎缃帙。自非略其芜秽，集其清英，盖欲兼功，太半难矣。

此自述《文选》缘起。

若夫姬公之籍，孔父之书，与日月俱悬，鬼神争奥，孝敬之准式，人伦之师友，岂可重以芟夷，加之剪截。老庄之作，管孟之流，盖以立意为宗，不以能文为本。今之所撰，又亦略诸。

此以著作与篇章分席，因此经子皆不入选。亦可谓不以经子列于纯文学之类也。魏文尚混家言于集部，以此较之，其对纯文学之观点，可谓尤更清澈矣。

若贤人之美辞，忠臣之抗直，谋夫之话，辩士之端，冰释泉涌,金相玉振,所谓坐狙丘,议稷下,仲连之却秦军,食其之下齐国,留侯之发八难,曲逆之吐六奇,盖乃事美一时,语流千载,概见坟籍,旁出子史。若斯之流,又亦繁博。虽传之简牍,而事异篇章,今之所集,亦所不取。

此谓辞令言语亦异于篇章,故亦不入纯文学之选也。

至于记事之史,系年之书,所以褒贬是非,纪别异同,方之篇翰,亦已不同。

此谓史部记事,复非纯文学也。

若其赞论之综缉辞采,序述之错比文华,事出于沉思,义归乎翰藻,故与夫篇什,杂而集之。

此谓史书中惟论赞一体,可以视同篇什,故独以入选。所谓序述者,如范蔚宗《东汉书·宦者传论》,《逸民传论》之类,此仍论赞也。何以曰事出于沉思?盖姬孔之经,所以明道。老庄百家,重在立意。记言记事,各有标的。而特以文字表而出之,则文章仅成为工具。亦可谓此等乃经史百家之文,非文人之文也。文人之文,以文为主。独具匠心,别出杼轴,经营布置,并无外在之束缚。盖文人之文,意重即在文。文中所包,皆供我文之运使,给我文以备用而已。故文人为文,特重于思,此所谓思,乃一种文思也。文思者,此即文之技巧,文之艺术之所由见,而亦文之高下精粗美恶之所由判也。陆士衡《文赋》已屡言及思字,其言曰:其始也,皆收视反听,耽思旁讯。精骛八极,心游万仞。又曰:罄澄心以凝思,眇众虑而为言。又曰:言恢之而弥广,思按之而愈深。又曰:藻思绮合,清丽芊眠。又曰:思风发于胸臆,言泉流于唇齿。又曰:揽营魂以探赜,顿精爽而自求。理翳翳而愈伏,思轧轧其若抽。此所谓思,即沉思也。言,即翰藻也。文学既有独立之体性,斯必有其独特之技巧,此亦昭明选文所独具之标准也。清代如阮芸台等,乃专以骈偶之辞为文学,是又失之矣。

> 远自周室,迄于圣代,都为三十卷,名曰文选云尔。凡次文之体,各以汇聚。诗赋体既不一,又以类分。类分之中,各以时代相次。

以上备引昭明《文选序》,略陈其指归。此下复就其目录,于其所分文章之体类先后而逐一阐说之。

(七)

一、赋。

京都,郊祀,耕籍,畋猎

今按:若就历代文学发展顺序言,当先诗,次骚,乃及赋。然昭明之选,以赋为首,良以当时人心目中,赋为文学大宗也。若专就赋言,则荀宋在前,贾马次之,而昭明此选,又于赋体中分类,而京都一类褒然居首,故开卷第一篇乃为班固《两都赋》,次为张衡《两京赋》。窥昭明之意,特取孟坚《两都赋·序》,赋者雅颂之亚之说,故以《两都》《两京》为冠冕也。如是,则虽主文学有独立之价值,而仍必以文附经,故刘勰《文心雕龙》亦以宗经为其开宗明义之首篇焉。次郊祀,次耕籍,次畋猎,始及司马长卿之《子虚》《上林》。今试问当长卿赋子虚赋上林时,又何尝心中有雅颂为师法乎?后之赋家继起,靡不慕效相如,尊奉如高曾,即孟坚之赋两都,其果为诗三百雅颂之遗体,抑亦长卿《子虚》《上林》之旧轨乎?内袭茂陵之神思,外攀丰镐装门面,仍是赋家浮夸之一征而已。

纪行,游览

为文首要在择题。题材变,文体亦随而变,而文学之意义与使命亦将变。若以京都郊祀耕籍畋猎为雅颂之亚,则纪行游览当为国风之遗矣。此两类题材,主要在以作者自我入文中,并以自我作中心,而尤必以作者自我当境之心情作中心。于外面铺陈之中,而兼内心之抒写。若以前四类为赋体之正,则此二类乃赋体之变。循此以往,终于转落诗境。此乃文心之由外转内,即由其题材而可见矣。故此种题材,亦可称之为交替题材,因文体转变,乃因此等题材而交替也。

宫殿,江海

此二类仍以体物为主,则亦赋之正体也。相传蔡邕尝欲赋鲁灵光殿,十年不成,见王延寿赋,遂辍不作。张衡赋两京,左思赋三都,亦皆十年,后人遂有研京练都之语。《西京杂记》谓相如为《子虚》《长林赋》,意思萧散,不复与外事相关,几百日而后成。桓谭《新论》云:扬子云赋甘泉,思精苦倦,小卧,梦五脏出外,以手收而纳之,乃觉,病惴悸少气。盖为赋重在猎取辞藻,堆垛费时,岂若行旅游览,情景当前,转瞬即逝,如东坡诗所谓作诗火急追亡逋,清景一失后难摹乎?或问裴子野为文何速。子野云:人皆成于手,我独成于心。然岂有无心而能成文者,盖其心尽倾在外,不知游心内运,反本之于方寸,故谓之成于手也。

物色,鸟兽

此二类虽亦体物,而实兼宣情。物色一类,所收自宋玉《风赋》以下,如潘岳《秋兴》,二谢雪月,皆此下诗人所爱用之题材也。鸟兽一类,始贾生《鹏鸟赋》。扬子云有言,如孔氏之门用赋,则贾谊升堂,相如入室矣。汉赋皆乏内心,惟贾生所作,直承屈骚,而《鹏鸟》一赋尤为卓绝。缘情托兴,可观可怨。孔门重诗教,文如屈贾,何以见其不用乎?子云徒震詟于相如,及其悔之,乃曰童子雕虫篆刻,壮夫不为。不悟此可以讥相如,不得以讥贾生也。惟皇甫士安于汉赋独推贾谊,可谓深识矣。抑贾生之赋鹏鸟,实深得于庄周。故余谓中国之有纯文学,当导始于道家言,此亦其一例也。贾鹏以下,如祢衡赋鹦鹉,张华赋鷦鷯,皆寄托有诗人之致。及颜延之赋白马,鲍照赋舞鹤,虽亦尚然,抑辞采重矣。以下此种题材,乃尽归诗境,少以作赋。

志,哀伤

此两类皆诗境也。志之一类,如孟坚《幽通》,平子《思玄》《归田》,先已论之。次为潘岳之《闲居》,自称以歌事遂情。情志入赋,此亦一种交替题材也。潘岳于赋前有序,文长近四百言,实散体文之高品,在先惟二曹书札有此气韵,入后惟唐宋古文家,能仿佛其神味。盖扩大短序,减削长赋,即成唐宋古文矣。此等题材,显然以入诗文为宜,潘氏以之作赋,亦是以新酒装旧瓶也。

哀伤一类,首司马长卿《长门赋》。《南齐书·陆厥传》已云:《长门》《上林》,殆非一家之赋。五臣吕延济曰:陈皇后复得亲幸,案诸史传,并无此文,恐叙事之误。顾炎武亦曰:相如以元狩五年卒,安得言孝武皇帝?今按序曰:闻蜀郡成都司马相如,天下工为文,奉黄金百斤,为相如文君取酒,而相如为文以悟主上,此亦与狗监杨得意进相如事不类。果武帝先读《长门》,而为感动,又何待读《子虚》而始访问其人乎?何焯亦疑其辞细丽,不似相如,殆后之好事者妄托也。此下收向秀《思旧》,陆机《叹逝》,潘岳《怀旧》,此皆建安以后作品。哀伤入赋,亦旧瓶装新酒,我所谓交替题材之一例也。又潘岳《寡妇赋》有序,谓昔阮瑀既没,魏文悼之,并命知旧,作寡妇之赋。魏文之序曰:作斯赋以叙其妻子悲苦之情。潘序亦曰:余拟之以作,叙其孤寡之心焉。此皆主抒写心情,岂雕虫篆刻之比乎?厥后有江淹《恨》《别》二赋,内实无情,外渲辞藻,文运至此,又告衰落矣。而《别赋》之结尾有曰:

> 虽渊云之墨妙,严乐之笔精,金闺之诸彦,兰台之群英,赋有凌云之称,辩有雕龙之声,讵能摹暂离之状,写永诀之情者乎?

此数语却道出为宫廷作赋之人,初不知叙及寻常民间之幽怨也。

论文，音乐

《典论》有《论文》篇，而陆士衡继之为《文赋》，此亦见文学独立观念之既臻成熟矣。音乐一类，作者滋多，陈思王《与吴质书》，谓君子而不知音乐，古之达论，谓之通而蔽。马融好音律，能鼓琴吹笛，然融亦喜治老庄。嵇康治老庄，而亦少好音声。盖喜老庄，擅音乐，此二者，皆与建安文风有关。老庄开文章之意境，音乐助文章之艺趣，此亦可见一时之风会也。

情

昭明专设此类，似无义趣。所收除宋玉《高唐》《神女》《登徒子》三篇外，尚有曹子建《洛神赋》。殆以专托于男女之间者而谓之情也。惟子建《洛神》，实是缘情而作，当上承屈骚，不当与宋玉相伦类。屈子《离骚》曰：吾令丰隆乘云兮，求宓妃之所在，此子建作赋之所本也。

(八)

二、诗。

补亡，述德，劝励

就于上引，建安以下，赋题皆已侵入诗境。故知诗体，实当时文学大统所系也。昭明此集，取名《文选》，而诗之卷帙，乃占全书三分一以上，可见其重视矣。其以补亡、述德、劝励为首，正如赋之首京都郊社，特取以为冠冕。若诗人之风会精神，则固不在此。

献诗

以此上承补亡、述德、劝励三类,皆所谓体面也。以上四类,除谢灵运《述祖德》两首外,余皆四言,亦因题材陈旧,故未能脱《诗三百》之牢笼耳。

公讌,祖饯

此两类所收极多。饮食宴乐之余,继以歌咏,悲欢离合,皆当前人生最真实处,虽若无事可举,而诗情正从此中出。文学用入于饮讌,此等意境,此等风气,则皆自建安开之也。至于自刘宋以下,性情隐而声色盛,乃又为诗运一大转关。善读诗者,固不以其诗题之仅在饮讌而轻之,亦如善读赋者,不当以其赋题之在京都郊社而重之也。

咏史

赋以体物象事,诗以抒情言志。咏史一类,借古陈今,正是最好诗题,此亦创自建安。

百一

应璩为《百一诗》以当讽谏,盖有古《小雅》诗人之意焉。然似以旧酿入新瓶,故后人不之效。

游仙,招隐

身涉乱世,寄情仙隐,此尤见庄老思想与建安以下新文学之关系。招隐之题,由淮南王刘安《招隐士》而来,亦可证诗体之承骚而起也。

游览

此类亦始建安,作者绝多。既以入诗,回视王粲《登楼》,转形辞费矣。

咏怀,哀伤

此犹赋体中之有志与哀伤二类也。陆机《文赋》有云:或文繁理富,而意不指适。极无两致,尽不可益。立片言而居要,乃一篇之警策。悟此,知诗之为体,即赋之警策耳。故诗体盛而赋体衰,皆由文心之由外转内成之也。

赠答

此类始于建安,后起作者特多。不学诗,无以言,故此尤为新诗之主干。

行旅,军戎

军戎一类,惟收王仲宣《从军诗》五首,其实亦犹行旅也。晋人以行旅作赋,惟见潘岳《西征》一篇,而见于诗者实繁,亦题材变则文体必变之一例。

郊庙

惟收颜延年《郊祀歌》两首,然以较之扬子云《甘泉赋》,却似得体多矣。故知以汉赋上媲雅颂,仅孟坚一家之私言耳。

乐府,挽歌,杂歌,杂诗,杂拟

乐府与五言诗之关系,及杂诗一类中所收《古诗十九首》及苏李《河梁诗》皆非西汉人作,已申论在前。魏文陈思王粲刘桢多以杂诗名题。李善曰:杂者,不拘流例,遇物即言,故云杂也。五臣李周翰曰,兴致不一,故云杂诗。盖杂诗乃诗之无题者。诗体当自乐府来,而杂诗继之,皆无题也。其实一切诗皆无题,诗之有题,犹此诗之序耳。惟咏史一类,若为有题,然咏史特借古咏今,实非咏史,故有题仍无题也。惟如颜延之《秋胡诗》,以诗咏事,乃为有题,有题斯有拘束,无拘束故无穷极。惟其无穷极,故贵涵蓄而不尽。有拘束则有穷极,有穷极,则必以能达其所当穷极者为止境。此皇甫谧《三都赋序》所谓欲人不能加也。如《孔雀东南飞》,如木兰当户织之类,皆当起于颜延之《秋胡诗》之后。然循此则成为长篇叙事诗。长篇叙事又是一种交替题材,因其已侵入散文境域也,由此遂发展出唐人之传奇。如白居易《长恨歌》,即有陈鸿之传奇作配,元微之《会真记》,即有李绅之长诗作配,可征此中消息矣。

又按顾亭林亦有言,古人之诗,有诗而后有题。今人之诗,有题而后有诗。有诗而后有题者,其诗本乎情。有题而后有诗者,其诗徇乎物。窃谓诗而有题,斯诗情失,诗道衰矣。而韩柳以下之古文,顾多无题者。何谓有题,何谓无题,学文者由此细参之,可悟文章之深趣矣。

三、骚。

《文选》首列赋诗两体,奉为文学之大宗,此意上承陆机《文赋》,自下即以骚体紧承之,以诗体即承骚而来也。《玉篇》有云:今谓诗人谓骚人。试问如辞赋家言,亦得谓之诗人或骚人否。此一分别,惟当直探文心而始得之。然则纵谓韩柳唱为古文,乃为善读《文选》者,亦无不可也。

四、七。

七之为体,创自枚乘,此下有傅毅《七激》,张衡《七辩》,崔骃《七依》,皆不收,惟收陈思王张协两篇。其实七即赋体,苟有所赋,何必以七自限乎?故昭明亦不多取也。

以上关于纯文学者,此下乃及其他各体。

（九）

五、诏。六、册。七、令。八、教。九、文。

凡此诸体，皆政府文字，皆由上达下者。昭明仅收西汉诏两首，此下皆收魏晋以下。魏文帝陆士衡论列文体，不及诏令，因此诸体，政治性之拘碍过重，不当以文逞长也。独魏武作令，摆脱上下体制成格，称心抒写，如对朋侪，如话家常，尤其《述志》一令，此乃散文中绝高妙品也，而《文选》顾独见遗。盖昭明之意，仍重藻采，若谓无藻采即不足为文。不悟缘情述志，岂待藻采。昭文有见于诗，而无见于散篇之文，此其失也。故此所收，皆属无内心之作，岂可居政府之高位，俨然下诏，而一无内心可觅，此复成何文字乎？昭明一选，为后世诟病，正在此等处。从知文人乃人中之一格，文人之文，亦文中之一格耳。陆机《文赋》有云：体有万殊，物无一量。今专据文人意境作文选文，奉为惟一之标格，亦是所见不广，因之文运衰而世运亦衰矣。人心世运文风三者相关合一，建安以下，文人之文独盛，其为功罪，固未可一概论也。

十、表。十一、上书。十二、启。十三、弹事。十四、笺。十五、奏记。

以上诸体，亦皆政府文字，而皆由下达上者。昭明所选，亦皆专主丽采，因无内容，此诸体中遂无奏议。即西汉如贾晁董生，皆所不录，此大病也。魏文言奏议宜雅，陆士衡亦云：奏平彻以闲雅。然雅字义何所指？若仅在辞藻中求雅，则如虎贲中郎，又若衣冠俨然,而土木为躯,其可乎?惟魏文衡文以气为主,此始无病。汉人奏议,浩气流转,昭明不录,是其识窄。然后代奏议,竟亦甚鲜佳者。盖以拘碍于事,此等题材,终为与新兴之文学观念有所距离耳。陆士衡《文赋》有云:或辞害而理比,或言顺而义妨。离之则双美,合之则两伤。清代曾国藩亦言,古文无施不可,惟不宜说理。奏议贵尽事理,亦说理也。盖自有文人之文,而文之与笔终于分镳。魏晋以下,病在重文轻笔,宜于笔者而仍强以为文,此所谓合之两伤也。惟唐陆贽以俪偶为奏议,辞雅气畅,理无不尽,可谓难能矣。

十六、书。十七、檄。

书体为建安文学一大贡献,已论在前。文运进展,贵能增新体。文体广,斯文心畅,可以无所不达。陆机《文赋》又云:谢朝华于已披,启夕秀于未振。此不仅遣辞琢句为然,盖尤贵于能创题而制体也。《齐书·张融传》谓:文岂有常体,但以有体为常。若仅求创新,乃成无体,则又失之更远矣。

十八、对问。十九、设问。二十、辞。

此三体渊源《楚辞》,如东方朔《答客难》,扬雄《解嘲》,班固《答宾戏》,文中非无我,而仍乏内心,则依然宋玉司马相如之流派耳。独陶渊明《归去来辞》,乃能上接屈骚,为千古上乘文字。文章之高下,试参于此,可得其中三昧矣。故文人之文之尤可贵者,仍在其人。而人之可贵,在其文心之幽微。而岂可强求于外哉!

二十一、序。

著书有序,其起甚后,此类所收,首为卜子夏《毛诗序》,相传系东汉卫宏作，或其时已有五言诗如《古诗十九首》之类，正值文风将变之际，故诗序之言风诗，尤重于雅颂也。

《诗序》又曰：

> 诗者，志之所之也。在心为志，发言为诗。情动于中而形于言，言之不足故嗟叹之，嗟叹之不足故永歌之。永歌之不足，不知手之舞之，足之蹈之也。

今按：《荀子》曰：诗，言是其志也。《虞书》：诗言志，歌永言，声依永。《小戴记·乐记》曰：故歌之为言也，长言之也。长言之不足故嗟叹之，嗟叹之不足，故不知手之舞之足之蹈之也。《诗序》似合此三文为言。然古人谓诗言志，不兼情字。《乐记》又云：乐者，人情之所不能免。情以言乐，不以言诗。卫宏此序，情志声诗，合一而言，引《乐记》以通之诗，可以转经学为文学矣。《诗序》又曰：

> 变风发乎情，止乎礼义。发乎情，民之性也。止乎礼义，先王之泽也。

此言尤为深允。窃疑卫宏作序，其心中纵不知有《古诗十九首》，亦当知有乐府。故郑玄笺《毛》，犹守经生之家法，而卫宏序《诗》，实拓文人之新宇，此亦所当举而出之也。惟若一依声音之说，往而不返，如刘彦和《文心雕龙》所谓无韵者笔，有韵者文，重文轻笔，斯又失之。惟魏文言气体，其道始广。盖气体可以通声韵,声韵不足以尽气体。卫宏专以言《诗》,则无病耳。

《诗序》下有孔安国《尚书序》,杜预《左氏传序》,此亦以尊经为冠冕。此下乃为魏晋新作。其于石崇《思归引》,陆机《豪士赋》,皆仅收其序,不录其词,此事大堪注意。盖作者自感本文不足,故重加以序。今又仅取其序,不录其本文,此证人心取舍,即文体将变之征也。韩柳古文,正有承《文选》中此等序文而起者,明眼人当自识之。惟如颜王两家《三月三日曲水诗序》,徒竞丽藻,诗情渐失。齐梁以下,文运复衰,端为此也。

二十二、颂。二十三、赞。二十四、符命。

此诸体所收汉人之作,亦皆赋体也。建安以下,始有新构。如刘伯伦之《酒德颂》,夏侯湛之《东方朔画赞》,皆所谓蝉蜕龙变,弃俗登仙者也。治文学史者,试专就此两卷书细诵之,亦可见文心之变,与夫文体之不同之所在矣。

二十五、史论。二十六、史述赞。二十七、论。

此诸体所收,除贾谊《过秦论》,东方朔《非有先生论》,王褒《四子讲德论》三篇以外,皆东汉以下作品。东汉亦仅班氏父子叔皮孟坚两家。持论之善,则多在魏晋以下。盖论亦贵直抒其内在所见,不贵向外铺陈也。

二十八、演连珠。

此体所收,惟陆机一家。李善引傅玄《叙连珠》曰:所谓连珠者,兴于汉章之世,班固贾逵傅毅三子受诏作之,其文体辞丽而言约,不指说事情,必假喻以达其旨,而览者微悟,合于古诗讽兴之义。今按:连珠言义理,是论体也,故昭明附之于此。然尚辞藻,则近赋。又求以假喻讽兴则近诗。文体各有当,混而用之，迹近以文为戏矣。故文家少为之。

二十九、箴。三十、铭。

此两体不贵夸饰。而陆倕《石阙铭》《新刻漏铭》两篇，淫辞连缀不休，乃当时号为冠绝。齐梁以下，诗情已失，宜文运之不振矣。王应麟《玉海》谓此等题苟无主意，止于铺叙，何缘见文字精神。此说得之。

三十一、诔。三十二、哀。

此两体所收，皆起建安以下，伤朋痛旧，诔德彰美，而潘安仁《哀永逝》一篇，尤为幽凄，此皆骚人之遗，非辞赋家所知也。

三十四、碑文。三十五、墓志。三十六、行状。

此三体惟蔡邕碑文近雅，余无可称。以赋体作志状，宜无佳者。须俟韩柳出，乃有新制耳。

三十七、吊文。三十八、祭文。

吊祭承骚则佳，志状模赋则劣。文章利病，即此可见。

此稿成于一九五八年，刊载于是年二月
《新亚学报》三卷二期。

略论魏晋南北朝学术文化与当时门第之关系

（一）

魏晋南北朝政治腐坏，篡乱相乘，兵戎迭起。中国版图，半沦胡统。前后四百年，太平统一之期，殆不足十分之一。然学术尚有传统，人物尚有规仪，在文化大体系上，亦多创辟。专就《隋书·经籍志》所载，约略计之，古今书籍，共二千一百二十七部，三万六千七百零八卷。若通计亡佚，达三千八百二十三部，四万三千六百七十五卷。除少数古籍外，大部分系此时期人所作。以四百年计，平均每年当得新书十部，亦可谓按月当产生新书一部。而佛道典籍尚不在内。

据《开元释教录》，三国下至隋前，共计译人一百一十八，译经一千六百二十一部，四千一百八十六卷，此当据唐开元时尚存者言。若据《隋志》，乃有二千三百二十九部，七千四百一十四卷。即就一千六百部计，在此四百年中，亦平均每年当出四部十卷以上。以一卷万字计,四千余卷当得四千万言之多,数量巨大惊人。当时翻译佛经,工作至艰巨,一则佛经传入不易,再则华梵语文隔阂,既须外来高僧合作;又须口译笔润分工,始克臻事。则此一时期,单论佛教传入方面之成就与贡献,已可大书特书,永为后人仰叹。

此后佛教成为中国文化之一支,并推衍及于高丽日本。就今而言,欲追究印度大乘佛学,非仰赖中国译经不可。此一大事因缘,主要由于此时代人之努力。仅言佛教传入,疑若其事甚易,语嫌不切,将使人忽略了此时期人完成此一业绩之努力。

常言佛法僧三宝。佛创始说法,须有传承说法之人。而当时中国僧人之宣扬佛法,事更不易。梁释慧皎著《高僧传》,东汉讫梁四百五十余年,共二百五十七人,又傍出互见者二百余人。开其德业,分隶十科。此下姑举三人为例。

首当提及释道安。道安乃中国佛教史上第一高僧,由彼引起中国人注重佛法,并造成此下佛教在中国文化体系中之地位。习凿齿《致谢安书》有云:

> 来此见释道安,故是远胜非常道士。师徒数百,斋讲不倦。无变化技术可以惑常人之耳目;无重大威势可以整群小之参差,而师徒肃肃,自相尊敬,洋洋济济,乃是我由来所未见。其人理怀简衷,多所博涉,内外群书,略皆遍睹。阴阳算数之学,亦皆能通。佛经妙义,故所游刃。

观于上引,可想见道安之人格与学养,及其在当时之受人仰敬。

又《金楼子》载习凿齿与道安在襄阳相见,谓凿齿诣道安,值持钵趋堂,凿齿乃翔往众僧之斋。众僧皆舍钵敛衽,惟道安食不辍,不之礼。习甚恚之,厉声曰:四海习凿齿,故故来看尔。道安应曰:弥天释道安,无暇得相看。习愈忿云云,道安复云云,习无以对。据此则习凿齿所折服于道安之人格与学养者,更见不寻常。

当知佛陀乃千年前一外夷,当时流行老庄观念,佛教经典,亦彼外夷之糟粕,苟非有至德高僧,亲身实地阐扬作证,如何得人崇信。此所谓人能宏道,非道宏人。苟非至德,至道不凝。道安诚当时佛门中一至德,佛法即凝聚其身,而由之宏扬。如习凿齿《与谢安书》所云,道安与中国社会传统重视之大儒,可谓并无二致。由此推想,庶可得佛法在当时中国社会宏布流传之一番主要契机所在。

其次当及慧远。《世说注》引《张野远法师铭》,称其世为冠族,游学许洛。二十一,欲南渡就范宣子学,道阻不通,遇释道安,遂以为师。抽簪落发,研求法藏。《高僧传》称其精思讽持,以夜续昼,贫旅无资,缊纩常缺。知远公本修儒业,自非道安高德,何缘使其回心折服如此。

慧远从道安逾十余年,后南渡东止庐山东林寺三十余年。时谓其影不出山,迹不入俗。然四方仰景其人者纷至沓来。慧远送客,常以寺前虎溪为界。其学兼综玄释,并擅儒学。周续之闲居读《老》《易》,入山师事。宗炳雷次宗事远讲《丧服经》,后次宗别著义疏,首称雷氏学,宗炳寄书嘲之,曰:昔与足下共于释和尚间面受此义,今便题卷首称雷氏乎?慧远于佛法创净土宗,当时有净土会,刘遗民为文,称同志息心贞信之士凡一百二十三人,中有名士七人。周续之、宗炳、雷次宗皆与焉。又雷氏与周续之尝同受远公《诗经》之学。《世说》有殷荆州问远公《易》以何为体。由远公而推道安，知道安之博通内外群书，亦断非虚语。而远公之以丧服教授，其事更值注意。盖当时大门第制度盛行，丧服之与门第，关系至深。远公不厌讲授，亦情存济世。与其宣扬佛法，可谓貌异心同。又远公并擅绘事，即其艺术之精，亦得世人重视。故知当时佛法所以宏宣，正赖有高僧如远公等，大心博学，宏应世需。故使世俗闻风，歙然信服也。

最后当提及竺道生。道生依竺法汰改俗，而法汰亦随道安，则生公乃道安之徒孙。据《高僧传》，当时先出中译本《泥洹经》六卷，所谓小品《泥洹》。大本三十余卷尚未全译，六卷本先至京都。生公剖析经理，洞入幽微，乃说："一阐提人皆得成佛。"此语与先译六卷《泥洹经》相反。生公孤明先发，独忤众见。一时僧徒群目为邪说异端，讥愤滋甚，大会逐之。然生公不为屈，于大众前正言誓曰：若我所言违背经意，愿于现身甘受疠疾之灾。不然，则愿舍寿之时据狮子座。遂去至虎丘，旋至庐山。不久，全部《涅槃经》译出，乃证生公所说实乃悬契佛旨。此一故事，在中国佛教史上具有甚大影响。其前鸠摩罗什已称远公未读佛经而通佛理，正与生公先后遥符。可证我上述佛门僧宝价值之所在。盖佛法人人具有，亦人人可悟，生公此义，实与儒家传统孟子人皆可以为尧舜之说相扶会。生公特深契悟，亦不得不谓其先于中国文化传统儒家精义远有根柢。而生公之顿悟义，下至唐代禅宗六祖出世，更有所发扬光大。此后禅宗遂为中国人自创佛学中一最要骨干。又后净土宗盛行，乃有禅净合一之新途径，成为中国社会最普遍之佛法。此事不得不追溯及于远生两公,此时代人在中国佛学史、中国文化史上之贡献,即此一项,已属无可比量。

(二)

此下当再赓述有关此一时代经史子集四部学之大概。先论经学。《十三经注疏》乃中国经学一大结集,除唐玄宗《孝经》御注下,《易》魏王弼注,《论语》魏何晏集解,《左传》晋杜预集解,《穀梁》晋范宁注,《尔雅》晋郭璞注,《尚书》孔安国传,乃魏晋人伪托。《尚书》伪古文,亦出魏晋人编撰。当时又特创义疏新体,与同时僧人所为佛经义疏有关。惜皆遗失,独梁皇侃《论语义疏》仅存。而唐初孔颖达等编《五经正义》,疏之部分,十九采自南北朝。此见当时人对经学贡献,不为不大。

其次,《隋志》载此时代人有关经学之著述,计六百二十七部,五千三百七十一卷。通计亡佚,有九百五十部,七千二百九十卷。张鹏一《隋志补》又增出九十二部。就《隋志》分类统计如下表:

经籍名称	部数	卷数	通计亡佚之部数	通计亡佚之卷数
易	六九	五五一	九四	八二九
尚书	三二	二四七	四一	二九六
诗	三九	四四二	七六	六八三
礼	一三六	一六二二	二一一	二一八六
乐	四二	一四二	四六	二六三
春秋	九七	九八三	一三〇	一一九〇

表中所云亡佚，乃据作志时言，今则可谓亡佚已尽。然观上表，知此时期之经学，并未中绝。

若以著作数量作为当时对经学中某一部分重视与否之衡量标准，则此时代之经学最重《礼》，次《春秋》，《易》居第三位。刘宋时以《易》与老庄同列为三玄，然固非当时人重视惟《易》也。唐杜佑《通典》引晋宋以下人《礼》议，多达二百余篇。朱子云：六朝人多精《礼》，当时专门名家有此学，朝廷有礼事，用此等人议之，唐时犹有此意。又云：五经疏，《周礼》最好，《诗》、《礼记》次之，《书》、《易》为下。清儒沈垚《落帆楼集》亦谓：六朝人《礼》学极精。唐以前士大夫重门阀，虽异于古之宗法，然与古不相远。史传中所载，多礼家精粹之言。近儒章炳麟《检论五朝学》谓：据《南史·何承天传》，先是《礼》论有八百卷，承天删减，并各以类相从，凡为三百卷。又《徐勉传》，受诏知撰《五礼》，大凡一百二十帙，一千一百七十六卷，八千三十九条。然则《通典》所载，二十分之一耳。此皆于六朝人精《礼》学，有所指明，而沈氏谓六朝以有门第而精《礼》，其言尤有特识。

南北朝时，经学亦分南北，所重各不同。就《礼》学言，南方重《丧服》，如上述高僧远公，亦精此学，雷次宗以此负盛名，时与郑玄并称。《丧服》本属《仪礼》中一篇，所以别出成为一时显学者，正因当时门第制度鼎盛，家族间之亲疏关系，端赖丧服资识别，故丧服乃维系门第制度一要项。下至唐代，门第尚存，故《通典》尚多载此时代人所讲关于《丧服》之篇章。宋后无门第，故自程朱理学下迄清代经学考据，于此皆疏，不复注意也。

南方《礼》学，除《丧服》外，并重朝廷一切礼乐舆服仪注。

此由当时南方武力不竞,民族自尊心之激发,所谓衣冠文物,亦是民族文化所寄与其象征所在,抑又为当时北方胡人急切所学不到。高欢曾云:江南萧衍老人专事衣冠礼乐,中原士大夫望之以为正朔所在。故当时南方学者重视此方面,在心理影响上,对于南北对峙局面,实有甚大作用。《宋书·王淮之传》,称王彪之练悉朝仪,家世相传,并谙江左旧事,缄之青箱,世人谓之王氏青箱学。《梁书》载江蒨好学,尤悉朝仪故事,撰《江左遗典》三十卷未就。此为南方门第重《礼》学之又一面。

北方学者亦重《礼》。且当时南北学术多声息相通。北人治《丧服》者亦多,如后魏敦煌索敞,见本传。河东柳玄达,见《裴叔业传》。范阳卢道虔,见《卢玄传》。后周赵郡李公绪,见《李浑传》。皆是。然北人所重,更在《周官》。因北方胡汉杂糅,欲实际改进当时政制,乃转趋于古制度之钻研。苏绰为宇文泰定制,即根据《周官》。下迄隋唐,遂重开中国历史之光昌盛运。苏氏之功不为小。北齐熊安生,为《周官》学大师,史称其通五经,专以三礼教授,弟子自远方至者千余人,其受业擅名于后者,刘焯刘炫尤著。孔颖达《五经正义》,多采二刘之说。北周灭北齐,熊氏知北周君必来访,命童仆洒扫门庭以待,翌晨,北周君果至。此见《周官》学在当时北方之见重。亦可知北方经学,亦重通经致用,与南方可谓异途同归。

近人陈君寅恪著《隋唐制度渊源论略稿》,详举唐代开国,其礼乐舆服仪注,大体承袭南朝。然礼乐制度,秦汉以下,早有分别。史书中如职官田赋兵制等属制度,封禅郊祀舆服等属礼乐。宋欧阳修《新唐书·礼乐志》,辨此甚明。隋唐制度,自是沿袭北朝。陈君混而不分,仅述南朝礼乐,忽于北方制度,此亦不可不辨。

（三）

其次为史学,其发展,较之经学更为重要。《隋志》史部有八百一十七部一万三千二百六十四卷,通计亡佚,有八百七十四部一万六千五百五十八卷。张鹏一《隋志补》,又增出六十部。论其数量,较经部多出一倍。且经部多汉前旧书,史部则多魏晋以下人新著。

《汉志》无史部,司马迁《史记》附《六艺略·春秋门》,见是时史学尚未独立。东汉自班固《汉书》外,史学著作亦不多。中国史学发达,应始东汉晚期,至魏晋南北朝而大盛。不仅上驾两汉,抑且下凌隋唐。此下惟宋代差堪相拟,明清亦瞠乎其后。举其要者,晋陈寿之《三国志》,宋范晔之《后汉书》,与马班并称四史。其他列正史者,《宋书》《南齐书》《梁书》《魏书》等,皆此时代人作。东汉末,荀悦撰《汉纪》,刘知几《史通》推以为《左传》家之首。又称班荀二体,角力争先。唐代试士,以荀《纪》与《史》《汉》为一科。晋袁宏撰《后汉纪》,《史通》谓世以袁书配蔚宗,要非溢美。宋儒王铚作《两汉纪后序》,亦称荀袁二《纪》于朝廷纪纲,礼乐刑政,治乱成败,忠邪是非之际,指陈论著,每致意焉。反复辨达,明白条畅,启告当代,而垂训无穷。盖自司马光《资治通鉴》以前,编年之史,更无堪与此两书媲美者。故即举现所留存之史籍言,此时代人之成就与贡献,已至伟硕。

再论其亡佚者,裴松之注《三国志》所引书,明记书名者达一百四十余种。宋刘义庆《世说新语》,梁刘孝标注,据高似孙《纬略》,所引汉魏吴诸史及子传地理之书俱不论,仅晋代一朝史书,及晋诸家列传谱录文章已及一百六十六家。裴刘之注,固是瞻博,而陈刘原著之精卓,亦因而益显。范蔚宗作《后汉书》时,松之注所引各书当俱在,故范书可以取精用宏,乃有补陈《志》所不载者。而袁宏作《后汉纪》,尚在范书未布之前,其所采既博,而竟亦少有出范书之外,又可见范书采摭之功力。又如《晋书》在当时有十八家之多。其他史籍繁夥,一检《隋志》而可知。此盖史学在当时为群力所萃,故能酝酿出好成绩也。

今再论魏晋南北朝人史学著作之内容。《隋志》乙部共分十三类:一、正史,二、古史,三、杂史,四、霸史,五、起居注,六、旧事,七、职官,八、仪注,九、刑法,十、杂传,十一、地志,十二、谱系,十三、簿录。可见当时史学规模之完备。正史属纪传体;古史为编年体;杂史则在此两体以外,或系钞撮旧史;霸史则为分国史,如《十六国春秋》之类;起居注乃由当时史官纪载人君言行;旧事有制度法令,有杂事记载;职官、仪注、刑法则属礼仪制度。而杂传一类,尤为当时人所特感兴趣,故其撰述共有二百一十七部,一千二百八十六卷。主要为人物传记。有分类作传,如《圣贤高士传》,《逸士传》,《逸民传》,《至人高士传》,《高隐传》,《高僧传》,《止足传》,《孝子传》,《忠臣传》,《良吏传》,《文士传》,《童子传》,《列女传》,《神仙传》等。分地作传,如《兖州》,《徐州》,《交州》,《鲁国》,《楚国》,《汝南先贤传》,《益部耆旧传》,《陈留耆旧传》,《豫章烈士传》等。分时代作传,如《正始名士传》,《江左名士传》等。分家族作传,如《王肃王朗家传》,《太原王氏家传》,《王氏江左世家传》等。并有一人专传,如《管辂传》,《法显传》等。又清章宗源《隋书·经籍志》考证,据裴松之《三国志注》,刘孝标《世说注》,下及《艺文类聚》、《北堂书钞》、《太平御览》等诸类书所引,自《荀彧别传》以下共得别传一百八十四家,隋唐《志》皆不著录,无从考其卷数。然当时所为一人专传之数量,已几与杂传一门全部卷帙之总数相埒,此事尤堪注意。凡此皆见此时代人重视人物,实为此一时代之特殊精神所在。惟其人物之传记既详,故荟萃成史,其事自易。其次则为地理记。其部数与卷帙,仅次于人物传记,凡得一百三十九部一千四百三十二卷。盖人物与地理有关,二者之受重视,则为当时门第郡望观念之影响。《世说》有王济孙楚争辨各自地望人物之美一则,又有王坦之令伏玄度习凿齿论青楚人物一则,皆是当时人各夸其乡土先贤之证。又次则为谱系,此亦与前两类相引而起。盖矜尚门第,必夸举其门第之人物,乃亦赞耀其门第之郡望,又必有谱牒世系,以见其家世之传绵悠久。直迄近代,方志家谱,代有新编,成为中国史书中重要两大部门,而人物传记一项,则终不能与魏晋南北朝时代竞秀争胜。故知人物传记之突出独盛,正亦为此时代一种特殊精神所寄也。

簿录一项,亦见当时人另一种之兴趣。簿录乃一种图书分类目录,《隋志》所收共三十部,除《七略别录》及《七略》外,其他二十八部全出此时代人之著述。可见此时代人重视书籍,好尚搜索,因重目录分类。而四部之分,永为后人承袭,亦可谓是此一时代之贡献。

今再综合言之，则此一时代重人物，又好尚书籍，并好著述，而人物传记尤为当时人兴趣所在，成为此时代史学骤盛之一因。刘知几《史通》有云：

> 降及东京，作者弥众。至如名邦大都，地富才良，高门甲族，世多髦俊。邑老乡贤，竞为别录。家谱宗谱，各成私传。于是笔削所采，闻见益多。此中兴之史所以又广于前汉也。

刘氏此处所讲，实已在东汉之晚年，更适用于魏晋南北朝。惟风气递传，当溯之自东汉耳。

今再简括上述，魏晋南北朝人于经学极重礼，史学则重人物，此二者，与其崇尚老庄虚无风尚有乖，此事大可注意，留待下论。

继此当提及当时经学与史学之相通。史学本自经学中分出，而当时人亦每将经史相提并论。如吴华核上表，谓司马迁班固命世大才，所撰精妙，与六经俱传。北魏李彪亦云：臣窃谓史官之达者，大则与日月齐明，小则与四时并茂。其大者，孔子左丘是也。小者，史迁班固是也。《三国·尹默传》，默远游荆州，从司马德操仲子等受古学，皆通诸经史。晋《虞预传》：雅好经史，憎疾玄虚。《庾峻传》有重老庄而轻经史之语。此皆当时人认经史为同类，以与老庄玄虚相对立之证。同时史家亦多兼经学著作，如张璠著《后汉纪》，亦有《周易集解》；孔衍著《汉魏春秋》,亦有《公羊集解》;干宝著《晋纪》,亦有《周易》、《周官》注、《春秋左氏传义》等;刘昭著《后汉书注》,亦有《钞集议祭六宗论》,有《难晋刘世明论久丧不葬议》等;谢承著《后汉书》《汉晋春秋》,亦有《尚书注》、《毛诗注》等;徐广著《史记音义》及《晋纪》,亦有《礼论答问》,《礼答问》等;裴子野著《宋略》,亦有《丧服传》等。刘知几《史通》,谓大抵作者,自魏以前,多效二史,从晋已降,喜学五经。可见当时人对经史之通观并重。而论其本源,则皆自崇尚儒学来。史学家中,如徐广裴子野等,制行茂美,尤是粹然儒者之榘矱。《宋书》史臣曰:臧焘、徐广、傅隆、裴松之、何承天、雷次宗,并服膺圣哲,不为雅俗推移。此皆著作虽分经史,学术同归儒门之证。

(四)

上述经史之学竟,次当及子部。此时代人在此方面之成就与贡献,似较经史集三部为弱。然《隋志》子部儒家,自荀悦《申鉴》以下,亦有二十二部一百六十九卷。通计亡佚,则有四十五部三百六十八卷。数量仍不为少。荀悦《申鉴》,清《四库提要》称其原本儒术,所言不诡于正。牟融《理惑论》,清儒洪颐煊称是书虽崇信佛道,而不背于圣贤之旨。徐干《中论》,《提要》称其阐发义理,原本经训,而归之于圣贤之道。杜恕《体论》,清儒严可均称其所论皆剀切通明,能持大体,粹然儒者之言。王基《新书》,史称其人学行坚白,国之良臣,时之彦士。举此为例,知儒术在三国魏时,尚是确有传统,榘矱未失也。

又如晋傅玄撰《傅子》,《隋志》入杂家,王沈《遗书》称美之,谓省足下所著书,言富理济,经论政体,存重儒教,足以塞杨墨之流遁,齐孙孟于往代。《提要》称之,谓所论皆关切治道,阐启儒风,精意名言,往往而在。又北齐刘昼著《刘子》,亦入杂家,严可均称其言治国修身之道,有大醇,无小疵。魏任嘏有《道论》,《隋志》入道家,然其人实儒士。又晋杜夷有《幽求新书》,《隋志》亦入道家,然《晋书》杜夷入《儒林传》,刘勰《文心雕龙》称之,谓典语新书,法言说苑,潜夫正论,昌言幽求,咸叙经典,或明政术。推此意求之,知此时代人著书,《隋志》列入子部而不在儒家者,寻其内容,亦多与儒术相关。

又如《隋志》名家,有魏文帝《士品》一卷,刘邵《人物志》三卷,卢毓《九州人士论》一卷,吴姚信《士纬新书》十卷,《姚氏新书》二卷,《通古人论》一卷,此在当时称为名理之学。王符《潜夫论》谓名理必效于实,则官无废职,位无非人。《意林》引杨泉《物理论》亦谓,国典之坠,由位丧也。位之不建,名理废也。刘勰《文心雕龙》亦曰:魏之初霸,傅嘏王粲校练名理。可见当时人品评人物,精究名理,其志本在治平。而刘邵《人物志》一书,尤值研读。《提要》谓其书主于论辨人才,以外见之符,验内藏之器,分别流品,研析疑似。所言究悉物情,精核近理。其学虽近乎名家,其理弗乖于儒者。今以刘氏此书,推想姚卢所作,可知品题人物,为此一时代之精神所寄,风会所重,与上述史部人物传记一门会合参之,亦见此一时代特著精彩之一面。而原本儒术,亦居可知。

至论道家,则如王弼之注《老》,郭象之注《庄》,固已永传不朽。然王郭两家,亦欲兼汇儒道,以创一代之新说者。又如伪古文《尚书》人心唯危,道心唯微,惟精唯一,允执厥中,乃改《荀子》引《道经》语,而宋儒奉为讲学准则十六字诀。又如《孔丛子》心之精神是为圣,南宋杨简敬仲终身诵之,明儒尤乐称引,其语殆亦出此时代人所造。又如刘宋戴颙有《中庸传》两卷,梁武帝有《中庸讲疏》一卷,亦为后代尊尚《中庸》之先声。其他名言络绎,为宋明儒心学导先路者尚亦不少。由此言之,则此时期人在子部方面亦未尝无贡献。

(五)

今当一谈集部。《汉志·辞赋略》所收,只楚辞汉赋。集部大兴自东汉,至魏晋南北朝而极盛。据《隋志》,共五百五十四部,六千六百二十二卷,通计亡佚,有一千一百四十六部,一万三千三百九十卷。张鹏一《隋志补》,又增出专集七十二家。卷帙之多,堪与史部相埒。以四百年计,每年平均当出一部至三部集,亦可谓每年可出一位乃至三位专集作家。此即长治久安之世,前如汉,后如唐,亦难有此盛。

论其内容,总集中有《昭明文选》,此书在中国文学史上,有其不可磨灭之价值。书中所收,虽不全属此时期人之作品,要以此时期作品为主。此书在唐代最受重视,有《文选》熟,秀才足,《文选》烂,秀才半之说。《旧唐书》并列《文选》学于《儒林传》,几乎视之与经籍并重。宋以下,《文选》地位似有减损,然直至今日,治文学者,《文选》仍是一部必读书。可见此一时代,在中国文学史上之贡献。

严格言之,在此以前,中国并无纯文学观念。《诗三百》,都于政治场合中使用。屈原作《离骚》,乃激于忠君爱国之忱之不得已,而非有意欲作为一文学家。汉赋大体供宫廷消遣娱乐,渊源于战国策士纵横游说之余波,仍不失其在政治场合使用之背景。正式有纯文学观念之觉醒,则必俟建安始。故以前颇少以作者本人放进其作品中。换言之,即很少以表现作者自身之日常生活及其内心情感作为文学题材者。故作品中不易见作者之人格。如司马相如、扬子云、班固、张衡所为赋,巨幅长篇,均与作者私人无关。建安以后,始以文学作品为表现作者人生之用,以文学为作者私人不朽所寄。魏文帝所谓惟立德扬名,可以不朽,其次莫如著篇籍。又曰:文章经国之大业,不朽之盛事,是也。于是人求以文章期不朽,遂求融作者于作品中,务使作家与作品相会合一而成为一种新文学。唐宋韩柳古文,实亦袭此意境而惟略变其体貌。故在中国文学史上开始有纯文学之抒写,亦是此一时代一大贡献也。

惟其如此,故此一时代之人生,乃多表现在此一时代之文学中。换言之,此一时代之文学,乃成为此一时代一种主要之史料。若欲认识此一时代之整个时代精神,亦当于此一时代之文学中觅取。在此时代,几乎人人喜有一部集,自求表现,求不朽。下迄唐宋,直至近代,论文学观念,似不能越出此一时代人之所想象与标榜。

除《文选》外,刘勰《文心雕龙》亦至今受人推重。勰与昭明太子同时,依沙门僧祐,博通经论,并校定定林寺经藏。后曾一度出仕。晚年燔发为僧,改名慧地。书分上下编,上编剖析文体,下编商榷文术。上编首三篇《原道》、《征圣》、《宗经》,足征彦和论文一本儒术。下编首三篇《神思》、《体性》、《风骨》,足征彦和论文,贵能以作者与作品融为一体,继承建安以来之新趋向,而更加以发挥。刘氏所提出之道与圣,正犹佛家三宝中之佛与法。圣人虽亡,其道犹存。圣道存在经籍,文章所以明道,彦和谓道沿圣以垂文,圣因文而明道是也。故有志于斯文之作者,首贵征圣与宗经,此则理想中之文人,正亦应如佛家三宝中之僧侣。此一理想,较之建安以来专注重文学观点,仅求于作品中表现作家自身之观念远为超越。自唐代韩昌黎以下,凡论文所举最高境界,亦无能逾此。下编论文章作法,首《神思》。彦和云:形在江海之上,心存魏阙之下,神思之谓也。神思即指作者之内心。文章之神思,即作者之神思,内外并非二物。次论《体性》。文章之性格,亦即是作家之性格。性附于体而见。彦和之意,谓文章体性之背后,即是作者个人之体性,由于作者之体性而表出其作品之体性也。再次为《风骨》。骨犹言体,风犹言性。彦和曰:怊怅述情,必始乎风,沉吟铺辞,莫先于骨。故辞之立骨,如体之树骸;情之含风,犹形之包气。文辞属于外形,外形则必成体。文情乃其内心,内心则必有风。风者,乃以此心感染他心之谓。可知彦和言文章之体性风骨,其背后即是作家之体性风骨为之主,犹其言神思也。可见文章背后则必有作者其人,正如道与经之背后,则必有一圣。如此,不仅是人与文合一,作家与作品合一,乃进而为文与道合一,庶其作品能与天人大道相合一。此一理论,虽出彦和一家之言,然亦由于此一时代之共同风气,共同精神,递进益深,而始达此境界。故根据彦和一人之意见,仍可借以阐述此一时代人之意见也。

彦和《文心雕龙》有《序志》篇,谓齿在逾立,尝夜梦执丹漆之礼器,随仲尼而南行。又谓敷赞圣旨,莫若注经,而马郑诸儒宏之已精。就有深解,未足立家。惟文章之用,实经典枝条,于是乃始论文。足见刘氏之文学思想,应俱三源头。一是建安以来以文学作品表达作者个人之新潮流;一是魏晋南北朝人重视经学、尊尚儒术之旧传统;又一则在彦和自身又加进了当时佛门子弟一种宗教的新信仰;汇通合一以成其一家之言。此刘氏之一家言,乃在此时代中孕育而出。此一时代之学术风气,人生理想,以及此时代人之共同精神,刘氏之书,至少亦可代表其一部分或一方面。

除刘书外,又有钟嵘《诗品》,亦为一部文学批评之佳作。此时代人因喜品评人物,遂连带及于品评诗文。故读此一时代之文学,即可窥测此一时代之人物,而读此一时代之文学批评,亦可窥测此一时代之人物标准与人生理想,而所谓时代精神,亦可于此乎见。故刘钟两书,就史学言,亦殊值重视也。

钟嵘《诗品序》有云:永嘉时,贵黄老,尚虚谈,于是篇什理过其辞,淡乎寡味。爰及汇左,微波尚传。孙绰、许询、桓、庾诸公,皆平典似道德论,建安之风尽矣。此一说可注意。《昭明文选》已将文学从经史百家中抽离独出,钟嵘又将诗与清谈分疆划界。清谈尚理。理过其辞,则淡乎寡味,惟情见乎辞,乃非虚辞。此皆证当时人对文学确有一种独立观点,同时亦可说老庄清谈在当时学术界亦仅占一部分。一面既别有所谓经史之学,另一面则文学亦自有园地。抑且论此一时代之学术与风气,若仅注意正始与永嘉,而忽略了建安,则终为未是。

又按此一时代人由品评人物而连带注重品评诗文,遂亦连带而注重品评字画。《隋志》齐谢赫有《古画品录》一卷,梁庾肩吾有《画品》一卷,陈姚最有《续画品》一卷,其书今皆存。而谢赫之论六法,更为后代画人永宗弗替。盖当时之崇尚文学艺术,皆由其崇尚人生来。此一时代之人生,亦可谓是一种文学艺术的人生。虽不免多有类病,然其理想风尚实如此,亦不当一概抹杀也。

(六)

以上略述魏晋南北朝人对四部学方面之成就与贡献。其间尤值重视者,则应推史与诗二者。盖此二者,尤为当时之新创也。当时史学重心在传述人物,诗则重在人物自身之表现。综合言之,可知此一时代之注重人生。惟其所重,乃在个人,而非群体。故论当时之政治,分崩祸乱,绝无足道。然不得谓当时便无人物,亦不得谓当时人物更无理想,无学术成就。政治虽颓败不振,在民间则仍保有文化与学术之传统,并能自有创辟。在此四百年之大乱世,而著作之多,超前轶后。唐代虽富强,又见称文盛,然据欧阳修《唐书·艺文志序》,唐代学者所自为之著作,仅得二万八千四百六十九卷,拟之此一时期,尚有逊色。今当进而探究其所以然之故,则不得不谓实与当时之门第有甚深之关系。此一时代之学术思想,何以既尚黄老,又重经史,又兼重文学,更复崇信释氏,此种在学术上之复杂情态,亦须就当时门第背景提供一综合之说明。此下当就此点,略加阐释。

此时期门第之盛,尽人皆知。唐李延寿作《南北史》,评者谓其乃以家为限断,不以朝代为限断,体近家乘,而非国史。又谓宋齐梁陈四代卿相,多王谢两家,李书以此两家贯四代,四代似变为一代。又谓:《北史》列传与《南史》重复,虽曰二书,实通为一家之著述。凡此所评,实亦深切说明了当时之历史特性。朝代虽易,门第则递嬗相承。政府虽分南北,门第则仍南北相通。故在此时代中,政治上虽祸乱迭起,而大门第则依然安静。彼辈虽不关心政事,而政府亦无奈之何。此乃当时历史大病痛所在。然中国文化命脉之所以犹得延续不中断,而下开隋唐之盛者,亦颇有赖于当时门第之力。

此下当先叙此时期门第之何由产生,再及当时门第之如何维持。

自东汉有察举,而门第始兴起。远溯西汉,士人参政之制已确立,而儒家素重敬宗恤族,于是各自在其乡里形成盛大之士族。由于经学传家而得仕宦传家,积厚流光,遂成为各地之大门第。下至三国,大门第已普遍出现。试考当时有名人物,其先已多是家世二千石与世代公卿。陈群为曹魏定九品中正制,亦变通东汉之察举制订之,而陈群亦是世家名门之后。可见门第起源,与儒家传统有深密不可分之关联。非属因有九品中正制而才有此下之门第。门第即来自士族,血缘本于儒家,苟儒家精神一旦消失,则门第亦将不复存在。上所阐述,正可说明魏晋南北朝时代所以儒业不替,经学犹盛之一面。

(七)

东汉察举,主要项目为孝廉,此亦显本于儒义。但自朝纲浊乱,党锢祸起,儒士备受摧残,影响及于门第前途之展望者,甚深甚大。姑举范滂事说之。滂亦孝廉出身,党狱起,汝南督邮吴导受诏捕滂,闭传舍,伏床而泣,一县不知所为。滂闻之,曰:必为我也。即自诣狱。县令郭揖大惊,欲与俱亡。滂不可。其母就与诀,滂曰:滂归黄泉,惟母割不可忍之恩。其母曰:汝今得与李杜齐名,死何恨。既有令名,复求寿考,可兼得乎?滂跪拜辞。顾谓其子曰:吾欲使汝为恶,恶不可为。使汝为善,则我不为恶。行路莫不流涕。于此可见其时士人内心之苦闷与彷徨。此下政治黑暗有加无已,试问在如此政局下,人生究否尚有价值?抑因天下之乱,而从来儒家所定全部人生价值,将被取消?此一问题,应必在当时士人心中郁结盘旋,而渴求得一解答者。

试续举一例:郑玄遭党祸,被锢十四年。灵帝时,党禁解,玄复膺征,坚拒不出。袁绍子谭强加罗致,玄不敢拒,勉赴召。《文苑英华》引玄《自叙》云:遭党锢之事,逃难注《礼》。党锢事解,注《古文尚书》《毛诗》《论语》。为袁谭所逼,未至元城,乃注《周易》。玄之与滂,所遇不同,因逃世难而完成其传经之大业。其注《周易》,乃在逾七十高龄临死前数月之事。然处乱世得幸生者,亦岂能人人埋首腐心于著书?试问苟其不然,人生又将于何寄托?所谓人生之意义与价值,又将何在?

今试再举一例,聊为此问题之又一解答作推测。《世说》首

卷《德行》篇载:

> 陈太丘诣荀朗陵,贫贱无仆役,乃使元方驾车,季方持杖后从。长文尚小,载著车中。既至,荀使叔慈应门,慈明行酒,余六龙下食。文若亦小,坐著膝前。于是太史奏真人东行。

此事亦见刘孝标《世说》注引檀道鸾《续阳秋》云:陈仲弓从诸子侄造荀父子,于时德星聚,太史奏五百里贤人聚。可知此故事甚为当时及后世所乐道。所云德星聚,太史奏真人东行,与五百里贤人聚云云,其非信史可不论。然正可由此推想此一故事受当时及后世之重视,故为之渲染夸大,造此饰说。此事下距刘义庆作《世说》,已越两百年,而《世说》又重加以纪载。今试问此一故事,究含何等意义,值得当时如此张大传述?就实论之,陈寔在当时,仅官太丘长,在政治上无所表现,荀淑亦非显达人物,而两人一时相会,两家子弟随侍,吃一顿家常饭,而如此惊动流传,大书特书,传诵不辍,此中必有一内在意义可寻。今问当时人所重视于此者究何在?后代人所怀念于此者又何在?当知此中正有魏晋南北朝人内心深处一向蕴蓄之一番精神向往与人生理想,所以异于范滂郑玄,而为当时乱世人生求出路者。请试稍为之阐发。

《世说》同卷另一条云:

> 客有问陈季方,足下家君太丘,有何功德,而荷天下重

名？季方曰：吾家君譬如桂树生泰山之阿，上有万仞之高，下有不测之深，上为甘露所沾，下为渊泉所润。当斯之时，桂树焉知泰山之高，渊泉之深。不知有功德与无也。

陈寔在当时无实际功德可言，而获享大名。其得名所由，与范滂郑玄又不同。其子季方谓其父太丘君，正如桂树生于泰山之阿，桂树则有一种内在坚久之生命力，并有清芳远播，此即天生桂树之德，而又植根泰山之阿，高出氛秽，超然世外。上沾甘露，下润渊泉，得天地自然之护养。人生如此，纵无实际功德，而自有其本身内在之价值。季方此番答辞，正是当时人生理想由儒家转入道家一重要消息所在。此下门第中人所共同抱持之观念正在此。世乱相乘，河清难俟，但不能谓一切人生价值因此全不存在。彼辈之对人生，实另有一番新看法，与一番新评价。今人论此一时代之门第，大都只看在其政治上之特种优势，与经济上之特种凭借，而未能注意及于当时门第中人之生活实况，及其内心想象。因此所见浅薄，无以抉发此一时代之共同精神所在。今所谓门第中人者，亦只是上有父兄，下有子弟，为此门第之所赖以维系而久在者，则必在上有贤父兄，在下有贤子弟。若此二者俱无，政治上之权势，经济上之丰盈，岂可支持此门第几百年而不弊不败？陈荀相会此一事，所以引起后人向往重视而传述不辍者，正为此两家各有贤父兄贤子弟，而使此两家门第能继续存在不弊不败之故。

继此请再进一步讨论当时所共认为其人之贤德者，主要内容又何若？今试再举《世说》同卷另一条说之。《世说》云：

李元礼尝叹荀淑、钟皓,曰:荀君清识难尚,钟君至德可师。

李陈同为当时负众望之大贤。李之赞钟皓,谓其至德可师。至德无名可指,换言之,即是其人无实际功德可言也。然即此正是其人内在价值所寄。东汉末期人争崇颜渊,正因颜渊箪食瓢饮,在陋巷,更无尘世外在之表现,即此便是至德,正犹如桂树之生泰山之阿也。李之赞荀淑,谓其清识难尚。苟能除却人世间外在种种功德建树,而认识得人生仍有其内在独立之价值,此即所谓清识也。李膺此之所举,实可谓是此下魏晋南北朝人所共同抱有之一种人生标准与人生价值之理想所在。

由于东汉之有察举,而引起当时社会好对人物作品题。大体此项品题,自李膺陈寔以下,即多陷于玄虚不实。即不重其人实际外在之事功德业,而专重其人所表显在其自身之某种标度与风格,以作为其品题之准则。此种标度与风格,自可超越治乱,摆脱人事,而仍得有所完成。今试再举《世说》中卷《赏誉》篇所载为例,如:

世目李元礼,谡谡如劲松下风。

刘孝标注引《李氏家传》,谓:膺岳峙渊清,峻貌贵重。华夏称曰:颍川李府君,頵頵如玉山。汝南陈仲举,轩轩如千里马。南阳朱公叔,飂飂如行松柏之下。

公叔度评郦原，所谓云中白鹤，非燕雀之网所能罗。

裴令公目夏侯太初，肃肃如入廊庙中，不修敬而人自敬。一曰：如入宗庙，琅琅但见礼乐器。见钟士季，如观武库，但睹矛戟。见傅兰硕，汪廧，靡所不有。见山巨源，如登山临下，幽然深远。

王戎目山巨源，如璞玉浑金，人皆钦其宝，莫知名其器。

庾子嵩目和峤，森森如千丈松，虽磊砢有节目，施之大厦，有栋梁之用。

王戎云：太尉神姿高彻，如瑶林琼树，自然是风尘外物。

王公目太尉，岩岩清峙，壁立千仞。

世目周侯，嶷如断山。

王右军道刘真长，标云柯而不扶疏。

观于上引，见当时人品评人物之风，实远自东汉一贯而来。又见当时人非不重视一人之品德，惟其品德之衡量，则别有标准。又见当时人喜把外面一切人事全摆开，专从其人所表现在其本身者作品目，因之事功德业有非所重，而其人之仪容举止，言辞音吐，反多为人注意。当时人观念，似乎认为一人之德性，可在其人之日常生活与其声音仪容中表出，而一切外面之遭遇与作为，则可存而不论。此种德性之表出，而成为一固定之格调，时人谓是其人之标致，亦称标格，或风标，或风格，或标度。犹之此后宋儒之爱言气象。要之总是就其人之表现在自身者言。此种气象与标致之表现在其人之自身者，亦即是其人之品格与德性。而此种品格与德性，则实具一种动的潜力，使他人与之相接而引起一种仰钦欣羡之心,受其感染,群相慕效,此乃其人人格一种内在影响力。此种潜力之发为影响,在魏晋人则称之为风流。《论语》有云:君子之德风,小人之德草,草尚之风必偃。《孟子》云:其故家遗俗,流风善政,犹有存者。风流二字,大意本此。故知当时人之所谓人物风流,即指其人之品格德性之修养可以形成为一时风气,为人慕效。故风流即是至德,至德始成风流。今人爱称魏晋门第中人为当时之新贵族,此语亦非不是,然当知此种标致风流,则即是当时人所自标其高贵风格之异于世俗常流所在者。请再举例说之。

《晋书·卫玠传》,称其风流名士,海内所瞻。此因其为海内所瞻,所以遂成为风流名士也。又《晋书·王献之传》:子敬少有盛名,高迈不羁,虽闲居终日,容止不怠,风流为一时之冠。子敬之风流,则正在其能高迈不羁,自异于流俗,而同时又能容止不怠,以自成一高贵之风格。必如此,乃始够得上当时作为一门第中人之标准。又史称齐王俭,少好《礼》学及《春秋》,言论造次,必于儒者。由是衣冠翕然,更尚儒术。俭作解散髻、斜插簪,朝野多慕效。俭尝谓人曰:江左风流宰相,惟有谢安,意以自比。当知王俭风流,不专在解散髻与斜插簪,此如郭林宗折巾一角,人尽折巾一角,然人自慕效林宗其人,非慕效其折角巾。王俭之言论造次必于儒者,此正其风流所在。然王俭与褚渊,皆失节事齐。何点尝戏谓人曰:我作《齐书》已竟,其《赞》曰:渊既世族,俭亦国华,不赖舅氏,遑恤国家。以二人母皆宋公主,而二人皆仕齐贵显。则王俭所尚之儒术,亦居可知。然王俭终是当时门第中一风流人物,彼所谓言论造次必于儒者,亦就其在当时门第中所见为当重之儒术。至于出处进退，从政大节，当时门第中人已久不措意，亦不必专责之于王俭与褚渊。

从此再看上引《世说·赏誉》篇诸条，当更可想象出魏晋以下人对于人生理想所追求之境界，以及当时之风尚，所谓时代精神之所在。而此等则尽与当时门第有关。若忽略了当时之门第实况，而专从老庄道家言求之，或专于放诞简傲处求之，则终无可得当时人所谓至德与风流之真相。

上举所以证见东汉末期下迄魏晋，当时人所抱之人生理想乃及人物标准，虽与汉儒有大转变，虽已羼进了不少老庄消极气氛，而仍不失为有一种甚深厚之儒家传统。最多只能说其是儒道合流，而非纯走上老庄行径，则显然可见。而上举《赏誉》篇诸品目，完全将人物德性、标格，以自然界川岳动植相譬，亦可见当时人之情调兴趣，转向于文学与艺术之一种趋势。

(八)

盖当时人所采于道家言者，旨在求处世。而循守儒术，则重在全家保门第。政府治乱，朝代更迭，已群感其非力所及，亦遂置之不问。而所资以退守自保者，则为各自之门第。欲保门第，不得不期有好子弟。上述陈荀聚会，所以深受后人仰钦想慕，正为此两家各有好子弟可以持守家门，永传弗替之故。《世说》又云：

> 谢太傅问诸子侄，子弟亦何预人事，而正欲使其佳？诸人莫有言者。车骑答曰：譬如芝兰玉树，欲使其生于庭阶耳。

谢安此问,正见欲有佳子弟,乃当时门第中人之一般心情。所谓子弟亦何预人事,则因时尚老庄而故作此放达语。若真效老庄,真能放达,更何希有佳子弟?然试问苟无佳子弟,此门第又如何得传袭永昌?即在眼前当时,苟无佳子弟,此门第又如何装点出一种气派而表示其特出与可贵?正如崇阶广庭,苟无芝兰玉树装点,眼前便感空阔寂寥,又何况尽长些稃草恶木?车骑之答,所以为雅有深致。而欲求家庭有好子弟,则儒家所传礼法教训,便放弃不得。因此魏晋南北朝人,心胸力求豁达,行径力求超脱,然在此相尚以门第家世之环境与心理之下,至少希望有好子弟一节,终是情所难免。又如上引《世说·赏誉》诸条,当知此等人物标致,最先受其影响者,亦自在其家门内之子弟。若使其人之流风余韵,在家门之内,不能有所感被,则更何望于浊乱之外界?故知当时人此一种风流自赏之精神,其意兴所属,最先即在家门之内,子弟即其最直接之对象。此种心情,若难具体求证,然宜可想象而得。因此大体言之,在当时,实可谓政乱于上,而家治于下。苟非家治,则何来有门第传袭,尽在祸乱中而传袭下三四百年,并有直传至隋唐者。当时之门第生命,绵延七八百年以上而继续不衰不败,此一史实,不宜忽略。亦不当专以外在条件作解释也。

上所揭举,实可指出魏晋南北朝人之人生理想与人生情趣以及其精神向往之一面,为考论当时历史文化者所当着眼,而尤贵能深切体会,不能专尚事证。兹当再引《世说·德行》篇所载别一条加以疏说。《世说》云:

华歆遇子弟甚整,虽闲室之内,严若朝典。陈元方兄弟恣柔爱之道。而二门之里,两不失雍熙之轨焉。

此条述华陈两家门风家规不同。一主严肃,一尚柔爱,而各有雍熙之致。当知治家之道,从来不外此两轨。陈家固是一门贤德,至如华歆,其从政操守,殊卑污无足取。然据《世说》刘孝标注引,谓华歆尝与北海邴原管宁俱游学相善,时号三人为一龙,谓歆为龙头,宁为龙腹,原为龙尾。以言出处进退之大节,歆岂得与邴管同流,乃时人竟誉之为龙头,似乎重视更在邴根矩管幼安之上,此处所透露出之时代消息,大值深细领略。《世说》又一条云:

王朗每以识度推华歆。歆蜡月,尝集子侄燕饮,王亦学之。有人向张华说此事。张曰:王之学华,皆是形骸之外,去之所以更远。

此条可为上释风流二字作证。王朗慕效歆之治家,歆在当时即是一风流人物。又如何曾,食前方丈,无下箸处,其生活奢靡,见讥当代,然治家严整,亦为史籍所称。此等人,全是一丘之貉,在政治上绝无建树,不仅无救于世局之浊乱,抑且世局浊乱,皆由此辈助成之。但在家庭间,亦尚知互相仿效,总还有轨辙可循,所以犹能保持门第,雍睦相传。苟能保持门第,自即为时人所重,故歆终得有龙头之誉也。

(九)

继此再当分项叙说:先及当时人之重视教子。就现存此时代人教诲子弟子侄之篇章,论其数量之多,殆已超前绝后。其著者,如郑玄有《诫子书》,此下诸葛亮亦有《诫子书》。《魏氏春秋》云:诸葛亮作八务七识六怒五惧,皆有条章,诫励诸子。凉武昭王李嵩写诸葛训诫以勖诸子,曰:寻其终始,周孔之教尽在中矣。为国足以致安,立身足以成名。羊祜亦有《诫子书》,王祥有《训子孙遗令》,嵇康有《诫子书》,夏侯湛有《昆弟诰》,陶潜有《命子》十章,有《责子》诗,有《戒子书》,有《与子俨等疏》,雷次宗有《与子侄书》,颜延之有《庭诰文》,王僧虔、张融、徐勉皆有《诫子书》,孙谦有《诫外孙荀匠》,魏收有《枕中篇》戒子侄,杨椿有《诫子孙文》,梁元帝《金楼子》有《戒子篇》,颜之推《家训》首《序致篇》,次即《教子篇》,又后魏张烈有《家诫》千余言,甄琛有《家诲》二十篇,刁雍有《教戒》二十余篇以训导子孙。凡此之类,就其传者,亦可见当时人守身治家之理想及其规矩准绳之所重矣。

重教子则重孝道。自《晋书》有《孝友传》,此下各史均有。《晋书·孝友传序》谓:

晋代始自中朝,逮于江左,虽百六之灾遄及,而君子之道未消。孝悌名流,犹为继踵。

又谓:

> 孝用之于国,动天地而降休征。行之于家,感鬼神而昭景福。

孝之于国且不论,试问岂有子弟不孝不悌,而能门第鼎盛,福禄永昌之理?司马氏号为以孝治天下,而王祥山涛等,皆以事母至孝称。此因司马氏得国,依赖于门第之护持也。《世说》有一则云:

> 王戎和峤同时遭大丧,俱以孝称。王鸡骨支床,和哭泣备礼。武帝谓刘仲雄曰:卿数省王和不?闻和哀过礼,使人忧之。仲雄曰:和峤虽备礼,神气不损。王戎虽不备礼,而哀毁骨立。臣以和峤生孝,而王戎死孝。陛下不应忧峤而应忧戎。

王戎与阮籍皆竹林中人。史书载籍母卒,籍与人围棋不辍,又饮酒二斗,举声一号,吐血数升,毁瘠骨立。刘知几《史通》辨之云:

> 彼阮生者,不修名教,居丧过失,而说者遂言其无礼如彼。人以其志操尤异,才识甚高,而谈者遂言其至性如此。惟毁及誉,皆无取焉。

阮氏事是否失实如知几所疑,兹不详论。要之在当时,崇尚庄老,而同时又重至性。最见至性者惟孝,故阮籍王戎,仍各以孝称,此乃时代风尚时代精神所在也。

又《御览》四百四十五引王隐《晋书》,郭象评嵇绍,父死非罪,而绍贪位死暗主,义不足多。郭象注《庄》,为当时清谈巨擘。彼颇不主巢父许由之隐,则以当时门第不能不以仕宦为掩护也。然如嵇绍之出仕而郭象非之,乃知孝道尤为当时所重。纵尚老庄,固不能毁此大防。今再举《颜氏家训》一则说之,其事云:

齐孝昭帝侍娄太后疾,容色憔悴,服膳减损。徐之才为灸两穴,帝握拳代痛。爪入掌心,血流满手。后既痊愈,帝寻疾崩。遗诏恨不见太后山陵之事。其天性至孝如彼,不识忌讳如此,良由无学所为。

以此合之阮籍王戎,阮王以名士慕通达,梁孝昭以帝王兼无学,而均以至性孝行自见。若非由门第自幼之熏陶,世风名教之鼓荡,试问人之至性,何以此时独多,是必无说可以解答矣。

又有一事可附及者,《世说·巧艺》篇有一则云:

钟会是荀济北从舅,二人情好不协。荀有宝剑可直百万,常在母钟夫人许。会善书,学荀手迹,作书与母取剑,仍窃去不还。荀勖知是钟,而无由得也,思所以报之。后钟兄弟以千万起一宅,始成,甚精丽,未得移住。荀极善画,乃潜往画钟门堂,作太傅形象,衣冠状貌如平生。二钟入门,便大感恸,宅遂空废。

此事固见当时门第中人之精于艺事。钟会为人无足取,然此亦见至性。纵或出伪装,然其为时尚则无疑矣。

又《金楼子》载梁武帝遭太后忧,哭踊大至,居丧之哀,高柴不能过。每读《孝子传》,未尝终轴,辄辍书悲恸。梁武帝又亲为《净业赋》,谓:

朕布衣之时,惟知礼义,不知信向。烹宰众生以接宾客,随物肉食,不知菜味。及至南面,富有天下,远方珍羞,贡献相继,海内异食,莫不毕至。方丈满前,百味盈俎,乃方食辍筋,对案流泣,恨不得以及温凊,朝夕供养,何心独甘此膳。因尔蔬食,不啖鱼肉,虽自内行,不使外知。

梁武以帝王之尊,为思亲而奉佛蔬食,就帝王身份言,可谓不知政要。然梁武亦门第中人,不忘其素,就门第风教言,仍为一种贤德。同时何佟之,父母亡后,常设一屋,晦朔拜伏流涕,如此者二十余年。岂不为名贤之至德,风教之楷模乎?若今人读魏晋南北朝史,一如当时人观念,不问其政治事迹,专一讨论其私人生活,及其家门风规,实亦未尝无值得人倾倒佩服之处。即此可见其时代之特征,而孝德则尤为显著之一例。

惟其崇尚孝行,故当时于《孝经》一书亦特重视。《隋志》载有关《孝经》之著述,凡十八部六十三卷。若通计亡佚,则有五十九部一百一十四卷。张鹏一《隋志补》,又得十一部。《隋志》又云:魏氏迁洛,未达华语,孝文帝命侯伏侯可悉陵以夷言译《孝经》之旨,教于国人,谓之《国语孝经》。又释慧琳有《孝经注》一卷,释慧始亦有《注孝经》一卷。此两人之注《孝经》,正犹慧远之讲《丧服》,可见《孝经》为时所共重。而皇侃性至孝,尝日限诵《孝经》二十编,以拟《观世音经》。张融《遗令》,则欲左手执《孝经》,右手执小品《法华经》。此见齐梁以后之儒释双行,正犹魏晋时代之儒道齐重。总之门第社会不能缺儒家之礼教,而孝道之遭重视,自可想知。

其他如陶潜有《孝德赞》,梁元帝有《孝德传》,合众家孝子传而成。《隋志》著录各家《孝子传》,除梁元帝一家以外,尚有八部六十七卷。此亦足为当时崇尚孝行之证。

言孝则必及弟。此一时代人之弟道,亦有足述。今姑举数事说之。史载:

> 王徽之与弟献之俱病笃,时有术人云:人命应终而有生人乐代者,则死者可生。徽之谓曰:吾才位不如弟,请以余年代之。术者曰:代死者以己年有余,得以足亡者耳。今君与弟俱尽,何代也?未几,献之卒,徽之奔丧不哭,直上灵床坐,取献之琴弹之,久而不调。叹曰:呜呼子敬,人琴俱亡!因顿绝。先有背疾,遂溃裂月余而卒。

此事大似阮嗣宗之临母丧,皆是于不守礼法中而至性发露,故更见其真挚。至其愿以余年代死,复见周公金縢遗风。又谢安性好音乐，自弟万丧，十年不复听。此可见王谢风流，而孝友敦笃，断然异于庄生之鼓盆。

又《梁书》载：

> 到溉与弟洽，尝共居一斋。洽卒后，便舍为寺，因断腥膻，终身蔬食。别营小室，朝夕从僧徒礼颂。时以溉洽兄弟比之二陆。故世祖赠诗曰：魏世重双丁，晋朝称二陆。何如今两到，复似凌寒竹。

此事合之梁武帝思母事佛，亦可说明当时人信奉释氏之一种动机，固不仅见两到兄弟之友好而已。

又《颜氏家训》有一则云：

> 江陵王玄绍弟孝英子敏兄弟三人，特相爱友。得甘旨新异，非共聚食，必不先尝。孜孜色貌，相见如不足。及西台陷没，玄绍以形体魁梧，为兵所围，二弟争共抱持，各求代死，遂以并命。

又一则云：

> 沛国刘琎与兄瓛连栋隔壁。瓛呼之数声，不应，良久方答。瓛怪问之，乃云：向来未著衣帽故也。

此等皆可见当时门第中人友弟情态之一斑。

因尚孝友,而连带及于重女教。当时教育,主要在家门之内,兄弟姊妹宜无异视,故女子教育亦同等见重。当时人矜尚门第,慎重婚姻,如《沈休文奏弹王源》,所谓固宜本其门素,不相夺伦,王满连姻,实骇物听云云,此事极滋后人诟病。然平心论之,女子教育不同,则家风门规颇难维持。此正当时门第所重,则慎重婚配,亦理所宜。而一时才女贤母,亦复史不绝书。《世说》有《贤媛》篇,载王汝南自求郝普女,既婚,果有令姿淑德,遂为王氏母仪云云。当时郝门至孤陋,非王氏偶,此一婚事遂成佳话。可见当时论婚,亦非全论门第地位。《世说》又一则云:

> 王司徒妇钟氏女,太傅曾孙,亦有俊才女德。钟郝为娣姒,雅相亲重。钟不以贵陵郝,郝亦不以贱下钟。东海家内则郝夫人之法,京陵家内范钟夫人之礼。

门第礼法之与母教关系,于此更可见。

《颜氏家训·教子》篇有云:

> 王大司马母魏夫人,性甚严正。王在湓城时,为三千人将,年逾四十,少不如意,犹捶挞之,故能成其勋业。

《梁书·王僧辩传》亦云:母魏氏,性安和,善绥接。家门内外,莫不怀之。及僧辩克复旧京,功盖天下,夫人恒自谦损,不以富贵骄物,朝野咸共称之,谓为明哲妇人。合此以观,其教子之严正,与其接物之谦和,不仅见王母魏夫人之贤,而治家大要,亦不出此两途。然苟无女教，试问何以成此家风？

《隋志》子部儒家类，著录有《女篇》一卷，《女鉴》一卷，《妇人训诫集》十一卷，《妇姒训》一卷，《曹大家女诫》一卷，《真顺志》一卷，诸书多不载作者姓名，然可见当时之重视女教，亦见提倡女子教育则仍必遵儒家之传统。

又《隋志》总集之部，有《妇人集》二十卷，注云：梁有《妇人集》三十卷，殷淳撰。又有《妇人集》十一卷亡。别著《妇人集钞》二卷，又《杂文》十六卷，注为妇人作。此则全是妇女作品。盖当时门第既重礼法，又重文艺，即妇人亦然也。

重教子，尚孝友，又有连带而来之一风气，则为称颂祖德。盖在当时人意念中，一家门第之所以可贵，正在此一家门第中人物之可贵，此实与现代人专意在权位财富上衡量当时门第之想法大相径庭。凡如上述，又可于当时人之文学作品中随处得证。兹再约略举例，如曹植有《怀亲赋》，王粲有《思亲诗》，阮瑀有《驾出北郭门行》，嵇康有《思亲诗》，陆机有《祖德赋》、《述先赋》、《思亲赋》，陆云有《祖考颂》，机云又有兄弟酬赠诗，束皙有补《南陔》《白华》诗，夏侯湛有《周诗》。《周诗》者，《南陔》《白华》《华黍》《由庚》《崇丘》《由仪》六篇，亡其辞，湛续之。其诗曰：

> 既殷斯虔，仰说洪恩。夕定晨省，奉朝伴昏。宵中告退，鸡鸣在门。孳孳恭诲，夙夜是敦。

湛诗成，示潘岳，潘曰：此非徒温雅，乃别见孝悌之性。潘乃自作

《家风咏》。潘岳又有《闲居赋》,其序曰:

> 太夫人在堂,有羸老之疾,尚何能违膝养而屑屑从斗筲之役乎?于是览止足之分,庶浮云之志。筑室种树,逍遥自得。池沼足以渔钓,舂税足以代耕。灌园鬻蔬,以供朝夕之膳。牧羊酤酪,以俟伏腊之费。孝乎惟孝,友于兄弟,此亦拙者之为政也。乃作闲居之赋,以歌事遂情焉。

潘岳乃一文人,行谊无足称。然在文人笔下,往往可以写出时代共同心情之向往。潘之此序,亦足代表当时门第中人之一般意想。所谓览止足之分,庶浮云之志,亦即当时儒道合流,阮瞻将毋同之意。虽固池沼舂税,生事不为不优,然必归之于朝夕之供奉,伏腊之祠祭。而闲居之计,又必以何能违太夫人羸老之膝养为辞。典终奏雅,仍是孔子孝乎惟孝,友于兄弟,是亦为政,奚其为为政之训也。岳又有《阳城刘氏妹哀辞》,有《悼亡赋》《哀永逝文》《寡妇赋》。寡妇者,乃任安妻,潘岳之姨。

此下有孙绰《喻道论》申孝道,有王羲之《称病去会稽郡自誓父母墓文》,有《贤姊帖》《亡嫂帖》。有陶潜《祭从弟敬远文》,《悲从弟仲德》诗,《祭程氏妹文》。有谢灵运《述祖德》诗,《酬从弟惠连》,惠连《献康乐》。有颜延之《祭弟文》,《除弟服》诗。有鲍昭《与妹书》。有梁武帝《孝思赋》,谓慈如河海,孝若涓尘,今日为天下主而不及供养,永慕长号,何解悲思。梁武帝又作《联珠》五十首明孝道,见《金楼子》。沈麟士有《沈氏述祖德碑》。庾信亦有《伤心赋》,伤其家室之丧亡。凡此之类,皆是祖德亲恩,家人父子,死生存殁,悲苦欢愉,情见乎辞,同样有其极深厚之门第背景。

由于东汉之累世经学,累世公卿,而有此下士族门第之兴起。因此门第与儒学传统有其不解缘。而门第同时必有书籍聚藏。梁元帝《金楼子》有《教子》篇,继之为《聚书》篇,此两篇实为当时门第同所重视之两事。张湛《列子注序》,谓吾先君与刘正舆傅颖根,皆王氏之甥,并少游外家,舅始周,始周从兄正宗辅嗣,皆好集文籍,先并得仲宣家书,几将万卷。辅嗣为正始清谈之祖,然亦赖藏书,以成其业,于此可见。《宋略·序》,称裴子野家有藏书,闻见又接,是以不用浮浅,因宋之新史为《宋略》二十卷。治史学者必待有书,其事更不待论。梁元帝《金楼子》自谓:吾今年四十六岁,自聚书来四十年,得书八万卷。河间之侔汉室,颇谓过之。又如梁宗室吴平侯景之子励聚书至三万卷。史称王僧孺好坟籍,聚书至万余卷,率多异本,与沈约任昉家书埒。其他私家藏书见载史籍者不具举。

当时藏书不易,因其必待钞写。《金楼子》记竟陵萧子良,居鸡笼山西邸,集学士,钞五经百家,依《皇览》,列为《四部要略》千卷。招致名僧,讲论佛法。道俗之盛,江左未有。此尤其著例。王筠《自序》谓:

> 余少好钞书,老而弥笃,习与性成,不觉笔倦。自年十三四,齐建武二年乙亥,至梁大同六年,四十载矣。幼年读五经,皆七八十遍。爱《左氏春秋》,吟讽常为口实。广略去取,凡三过五钞。余经及《周官》《仪礼》《国语》《尔雅》

> 《山海经》《本草》,并再钞。子史诸集皆一遍。未尝借人假手,并躬自钞录,大小百余卷。不足传之好事,盖以备遗忘而已。

此种勤力刻苦之致,后人批评当时门第者殆未易想象也。

又《南史》载齐衡阳嗣王钧,高帝第十一子,常手自细书,写五经部为一卷,置于巾箱中。侍读贺玠问之,答曰:巾箱中有五经,于检阅既易,且一更手写,则永不能忘。诸王闻而争效,为巾箱五经。《金楼子·聚书》篇亦云:使孔昂写得《前汉》《后汉》《史记》《三国志》《晋阳秋》《庄子》《老子》《肘后方》《离骚》等,合六百三十四卷,悉在一巾箱中,书极精细。《隋志·集部》有《巾箱集》七卷,注,梁有《文章志录杂文》八卷,谢沈撰,此亦殆是细字精钞之本,故亦取名巾箱。盖既成一时风气,雇手钞之不足而亲自手钞,亲自手钞之不足而又故为细书精钞。其风上被帝王之尊,卿相之贵,则更为难得。此亦当时门第风流之一端。若仅以帝王卿相地位观念来看此等人物,则似难了解。然若改换看法,把此等人物归入当时门第传统中视之,则必可获得一新体会,而当时门第传统风尚与其内在精神,亦可于此见其一面也。

(一〇)

今再汇纳上面各项叙述而重加以一番综合的说明,则可谓当时门第传统共同理想,所希望于门第中人,上自贤父兄,下至佳子弟,不外两大要目:一则希望其能具孝友之内行,一则希望其能有经籍文史学业之修养。此两种希望,并合成为当时共同之家教。其前一项之表现,则成为家风。后一项之表现,则成为家学。今再就此分别述说之。

先言家风。自汉末党锢之祸,继以魏晋之际,朝代更迭,篡弑频仍,门第既不能与政治绝缘,退求自保,乃逼得于儒家传统外再加进道家老庄一套阴柔因应之术。史称魏河东太守任嘏,为人淳粹恺悌,虚己若不足,恭敬如有畏,其修身履义,皆沉默潜行,不显其美,故时人少得称之。任嘏有《道论》,《隋志》入道家,其实彼乃体儒而用道,最可代表当时人生之新趋向。又如魏司空王昶为其兄子及子作名字,兄子默字处静,沈字处道,子浑字玄冲,深字道冲。书戒之曰:欲使汝曹顾名思义,不敢违越。是为太原王氏。与琅琊王氏在魏晋六朝家门之盛,天下莫与比伦。昶之用心,亦如任嘏,不过欲其子侄辈能谦默玄静,务求免祸而止。即如阮嗣宗出言玄远,从不臧否人物,其心何尝不如此?《晋书》言籍少有济世志,属魏晋之隙,天下多故,名士少有全者,籍由是不与世事。颜延年称其身事乱朝,常恐罹谤遇祸,因兹发咏,虽志在讥刺,而文多隐避。钟嵘《诗品》则谓其诗源出《小雅》。此皆可阐发嗣宗之内情。嵇叔夜《与山巨源绝交书》,自言无万石之慎。又谓每读尚子平台孝威传,慨然慕之。又有《幽愤诗》,谓古人有言,善莫近名,奉时恭默,咎悔不生。万石周慎,安亲保荣。字里行间,一种忧时畏祸顾家全族之意,随处流露,揭然如见。其慕尚子平台孝威,亦仍望男婚女嫁,门祚蝉绵,然后己身可以脱然而去,此与庄老玄思相夫实远。又叔夜有自责诗,谓欲寡其过,谤议沸腾,性不伤物,频致怨憎。昔惭柳下,今愧孙登。内负宿心,外赧良朋。此其意态,实与阮嗣宗无二致。托言老庄,皆有激而逃,非内情实然也。

嵇康诗又云:

> 夷路值枳棘,安步得焉如。权智相侵夺,名位不可居。鸾凤避罻罗,远托昆仑墟。

此尤辞旨显豁,为此下避世游仙诗之创始。是亦感激于时局情势之所不得已,与奉时恭默之心,可谓一致而百虑,异途而同归。故虽旷达放诞如嵇阮,若非了解当时门第背景,即难得其情思真际也。

此下有王羲之《与谢万书》,亦谓:

> 顷东游还,修植桑果,今盛敷荣。率诸子,抱弱孙,游观其间。有一味之甘,剖而分之,以娱目前。虽植德无殊邈,犹欲教养子孙以敦厚退让,戒以轻薄。庶令举策数马,仿佛万石之风。

此虽右军一人之言,然敦厚退让,万石家风,实是当时门第共同所想望。《南史·王志传》,志家世居建业禁中里马粪巷。父僧虔以来,门风多宽恕,志尤惇厚,兄弟子侄,皆笃实谦和,时人号为马粪诸王为长者。此处所谓宽恕惇厚,笃实谦和,依然是万石家风。盖惟此乃是保家持禄之要道。不仅此一代人奉此为家教，即唐代门第，下至宋明清诸代，凡有家训家教，几无不采此一路。则所谓魏晋风流，其所感被，实决不即止于魏晋可知已。

又如梁昭明太子《答晋安王书》，谓：

> 况观六籍，杂玩文史，见孝友忠贞之迹，睹治乱骄奢之事，足以自慰，足以自警。

昭明位为皇储，忠贞治乱，宜所注意，又言孝友骄奢，孝友所当勉，骄奢所当戒，此亦濡染于当时门第传统风教，故乃特别注意及此，固不当仅作门面语看也。

以上说此时代之门第家风，戒轻薄，戒骄奢，重谦退，重敦厚，固非当时门第尽能如此，然一时贤父兄之教诫，贤子弟子之顺行，则大要不离于此。又有另一面当特别提出者，为当时门第在家庭中所奉行率守之礼法，此则纯是儒家传统。可谓礼法实与门第相终始，惟有礼法乃始有门第，若礼法破败，则门第亦终难保。关于此方面者，姑举《颜氏家训·风操》篇说之。《家训·风操》篇开始有云：

> 吾观礼经，圣人之教，箕帚匕箸，咳唾唯诺，执烛沃盥，皆有节度，亦为至矣。但既残缺，非复全书。其有所不载，及世事变改者，学达君子，自为节度，相承行之，故世号士大夫风操。而家门颇有不同，所见互称长短，然其阡陌，亦自可知。昔在江南，目能视而见之，耳能听而闻之，蓬生麻中，不劳翰墨。汝曹生于戎马之间，视听之所不晓，故聊记录，

以传示子孙。

据上所引,知当时门第礼法,乃一承古代儒家传统而来。又知当时门第间,虽家规祖尚,亦各有出入,要之大体畛域,则不相违远。又知此种礼法,既成一时风习,亦遂视若固然,故不用有翰墨记录。此下颜氏所记,其事虽若甚碎,然亦未必能尽,惟即此可想象其大致。颜氏所谓世号士大夫风操者,此即当时门第中人所以自表异于庶族寒门之处。自今言之,亦可谓是当时此辈门第贵人之一项身份标帜,即所以表示其成为士大夫流品者一种特有之学养,由其为同时及后世人之效慕而言,则谓之风流。由于为此一流品中人所共同操守言,则谓之风操。此种士大夫风操,除《家训》本篇所记录外,仍可在当时史籍及其他书中钩稽其一部分。而即观颜氏此篇,亦可使我们更了解当时人所以重视《丧服》之一端。盖不论对生人,对死者,同样有一套礼法,为当时门第中人所重视,认为不可轻忽,此亦一种敦厚笃实之风。子女自幼即从此种环境中培育长大,故能时有一种至性呈露,此则决非无端而致。我们自今讨论当时门第,此一方面,实决不当不注意。

又如史称,陆机服膺儒术,非礼不动。又称庾亮善谈论,性好老庄,风格峻整,动由礼节。此两人,陆属文人,庾则名士。一称非礼不动,一称动由礼节。《世说》亦称贺循言行以礼。其他类此者尚多。而《南史·王弘传》,谓弘既为人望所宗,造次必于礼法,凡动止施为,及书翰仪礼,后人皆依仿之,谓为王太保家法。此又证明一人之风操,即成为一门之家法。而上之所述,所谓门第家法者，其背后莫非有人焉以为之主宰楷则，而此等为之主宰楷则之人，所谓非礼不动，动由礼节，言行以礼，造次必于礼法之士大夫风操，亦决非依样葫芦，默守旧仪，即尽其能事。在彼辈必对人生向往与当时现实环境有所斟酌，此皆颜之推所谓学达君子。彼辈心中，对人生理想之观点，及其现实处境之考虑，远在今日，固已难可细论，然要之当时门第之所得维持于不弊，则必有一番人之心力智慧之所灌注，而始克有此，则断可想见。颜延之《庭诰文》有云：

> 傥知恩意相生，情理相出，可使家有参柴，人皆由损。

此虽亦一人之言，然可知当时门第中人于尊重礼法之背后，更重恩情之培养。惟其有恩情，始能有礼法。即观颜之推《家训·风操》篇所举种种细节，自必一一推本之于家人父子间之恩情而始见其意义所在。至于所谓家有参柴，人皆由损，此亦可谓虽不能至，心向往之。当时人一种人生想望与信念寄托者实在此。乐广所谓名教中自有乐地，亦当在此等处参究也。

至于当时门第佳话，载于史籍，亦复不少。举其著者，如氾毓奕世儒素，家居青州，逮毓七世，时人号其儿无常父，衣无常主，居父墓三十余载。又如博陵李几，七世同居同财，家有二十二房，一百九十八口。又如张公艺，九世同居，北齐隋唐，皆旌表其门。又如杨播杨椿兄弟，一家之内，男女百口，缌服同爨。杨椿《诫子》，谓家仕皇魏以来，高祖以下，乃有七郡太守，三十二州刺史，内外显职，时流少比。此之所举，多在北方。然当时门第本属同源,惟南方风流文采较盛,而其历世蝉绵不衰之况,则南北一致,推此可以见彼。要之门第传袭,必有人,必有教,决非无故而致。而当时一切礼法风规,亦必有其不可及处。若专一着眼在其权位与财富上,谓门第即由此支持,揆之古今人情物理,殆不其然。

(一一)

此下再说当时之门第家学。自东汉以来,因有累世经学,而有累世公卿,于是而有门第之产生。自有门第,于是而又有累世之学业,此事当略举一二家尤富代表性者说之。首当提及琅琊王氏。其一门累世文采风流,最为当时之冠冕。王僧虔在《条疏古来能书人名启》,王氏一家居其大半。王廙谨传钟法,其从兄导,导子恬与洽,皆善书。其从兄羲之云:弟书遂不减我,是为僧虔之曾祖。洽少子珉,论者谓其笔力过献之子敬。廙兄羲之,献之外甥羊欣称之谓古今莫二。李充母卫夫人善钟法,为羲之师。羲之第七子献之,评者谓其骨势不若父而媚趣过之。又或谓父之灵和,子之神俊,皆古今之独绝。世之闻二王者,莫不心醉。是知德不可伪立,名不可虚成。献之兄玄之徽之,兄子淳之,俱善书。相传子敬七八岁学书,羲之从后掣其笔不脱,叹曰:此儿书后当有大名。即此一例,可见当时人学问艺术,与其家世之关系。即在北方,崔卢亦以书法传代。《家讯·杂艺》篇谓江南谚云:尺牍书疏,千里面目。门第中人正贵以面目标异,则其重视书法,盖无足怪。

又僧虔孙筠,有《与诸儿书论家世集》,谓:

> 史传称安平崔氏,及汝南应氏,并累世有文才。所以范蔚宗世擅雕龙,然不过父子两三世耳。非有七叶之中,名德重光,爵位相继,人人有集,如吾门世者也。沈少傅约语人云:吾少好百家之言,身为四代之史,自开辟以来,未有爵位蝉联,文才相继,如王氏之盛者。汝等仰观堂构,思各努力。

可见当时门第,于爵位蝉联之外,又贵有文才相继,世擅雕龙,而王氏七叶相传,人人有集,其风流文采,自足照映数百年间,而高出其他门第之上。其为父兄者,自必以此常鼓励鞭策其后人,务使克绳祖武,堂构勿替。而筠之此文,实亦可以透露当时一般门第中人之所想望与其所欣羡之一境,亦无疑义。

其次当述及梁武帝萧衍一家。《梁书》《南史》并载,齐竟陵王子良,开西邸,招文学,梁高祖与沈约谢朓王融萧琛范云任昉陆倕等并游焉,号曰八友。史又称梁武少而笃学,洞达儒玄。虽万机多务,犹卷不释手,燃烛侧光,常至戊夜。其自为《净业赋》,则谓少爱山水,有怀丘壑,身羁俗罗,不获遂志。又谓自念有天下,本非宿志,惟当行人所不能行者,令天下有以知我心。断房室,不与嫔侍同居而处,四十余年。盖梁武为人,其感染于当时门第风尚者至深,厥后虽践帝祚,而夙习难忘。若就门第目光作衡量,彼实不失为一风流人物。然登上政治舞台,则终不免演了一出悲剧收场。梁武一人之生平,正可作为此一整个时代之缩影。言其著作,近二十种,逾八百卷。如《通史》四百八十卷,固是敕群臣所撰,其他殆亦非全出亲笔,要之其劬学问,耽著述,求之历代史籍中诸帝王,实亦少可匹俦。

昭明太子,武帝之长子。《梁书》载其三岁受《孝经》《论语》,五岁遍读五经。母丁嫔薨,步从丧还宫,至殡,水浆不入口。高祖遣中书舍人顾协宣旨,乃进数合。自是至葬,日进麦粥一升。体素壮,腰带十围,至是减削过半。《南史》载其开东宫,虽内殿燕居,坐起恒向西南面台宿,被召当入,危坐达旦。此种内行敦笃,显由当时门第风教,绝难于寻常帝王家庭中求之。其《与何胤书》,谓:

> 方今泰阶端平,天下无事,修日养夕,差得从容。每钻研六经,泛滥百氏。

而尤好陶渊明,谓余素爱其文,不能释手,尚想其德,恨不同时。又谓:

> 有能观渊明之文者,驰竞之情遣,鄙吝之意祛。贪夫可以廉,懦夫可以立。岂止仁义可蹈,抑乃爵禄可辞。不必旁游泰华,远求柱史,此亦有助于风教也。

其于渊明,钦慕之情若此,亦可见其学养与为人矣。史又称其引纳文学之士,讨论坟籍,商榷古今。刘孝绰撰《太子集序》,谓其:

日升松茂,与天地而偕长。壮思英词,随岁月而增广。

其所著述有四种八十卷,而《文选》三十卷尤为卓然不朽。

梁简文帝,武帝第三子。诗序自谓,七岁有诗癖,长而不倦。《答张缵谢示集书》自谓:纲少好文章,于今二十五载。史称其引纳文学之士,赏接无倦,恒讨论篇籍,继以文章。所著述有七种,近三百卷。

又梁元帝,武帝第七子。史称其有高名,与裴子野刘显萧子云张缵及当时才秀,为布衣之交。著《金楼子》,《自序》谓年在志学,躬自搜纂,以为一家之言。颜之推《家训·勉学》篇载:

梁元帝尝为吾说,昔在会稽,年始十二,便以好学,时又患疥,手不得拳,膝不得屈,闭斋,张葛帏,避蝇独坐,银瓯贮山阴甜酒,时复进之以自宽痛。率意自读史书,一日二十卷。既未师受,或不识一字,或不解一语,要自重之,不知厌倦。

《金楼子·自序》亦谓:

吾年十三,诵百家谱,虽略上口,遂感心气疾。

又云:

吾小时夏夕中,下绛纱蚊㡡,中有银瓯一枚,贮山阴甜酒,卧读有时至晓,率以为常。又经病疮,肘膝尽烂,比来三十余载,泛玩众书。

《家训·勉学》篇又云:元帝召置学生,亲为教授。废寝忘食,以夜继朝。至乃倦剧愁愤,辄以讲自释。《南史》亦载魏师既起,帝犹于龙光殿述《老子》义。又有《与学生书》,谓:

可久可大,莫过乎学。求之于己,道在则尊。

此则俨然鸿儒之格言,硕师之懿训。其所著述,有十七种,近四百卷。

史称江陵陷,元帝焚古今图书十四万卷。或问之,答曰:读书万卷,犹有今日,故焚之。就当时门第传统言,萧氏父子,皆不失为风流人物,可资模楷。就政治立场言,读书著书,都成落空。萧氏一门之悲剧,正是此一时代悲剧之缩影。今舍政治而专言门第,专注重当时门第中人之私生活及其内心想望,则萧氏一家,终是可资模楷,堪成风流也。

刘知几《史通》有云:

自晋咸洛不守,龟鼎南迁,江左为礼乐之乡,金陵实图书之府,故其俗犹能语存规检,言喜风流。颠沛造次,不忘经籍。若梁史载高祖在围中,见萧正德而谓之曰:啜其泣矣,何嗟及矣。湘东王闻世子方等见杀,谓其次子诸曰:不有其废,君何以兴。皆其类。

《世说》载：

> 郑玄家奴婢皆读书。尝使一婢，不称旨，将挞之，方自陈说。玄怒，使人曳著泥中。须臾复有一婢来，问曰：胡为乎泥中。答曰：薄言往愬，逢彼之怒。

此事不知确否。然自郑玄下迄刘义庆著书，年距两百载以上，琐琐故事，仍自流传，可见当时人极看重此等事。从《世说》载陈寔荀淑两家父子相会，可以推见当时人之重有佳子弟。从《世说》载郑玄家婢，可以推见当时人之赏爱文采，而尤尚经籍。此可与上引刘知几《史通》一节相证。此等皆当时门第中风流韵事。梁武帝元帝父子，处此危迫哀痛，犹能出言不忘经典，则尤足为风流模楷。故我特举萧氏一家来作当时门第风尚之一例。又如武帝弟萧欣，元帝子萧方等，皆有著述。即上溯宋齐两代，亦复多有。如刘义庆著《世说》，即其例也。清儒赵瓯北《二十二史劄记》有《齐梁之君多才学》条叙述颇详，兹不再引。赵氏谓萧梁父子间，尤为独擅千古，决不得谓是过誉也。

其他如刘殷，在刘聪朝，亦一孝子，有子七人，五子各授一经，一子授《太史公》，一子授《汉书》，史称一门之内，七业俱兴。北朝之学，殷门为盛。又梁刘孝绰兄弟及群从诸子侄，当时有七十人，并能属文。其三妹亦并有才学，史称近古未有。又如北齐杨遵彦，一门四世同居，昆季就学者三十余人。又如北周卢辩，累世儒学，兄景裕为当世硕儒，辩少好学，博通经籍。《北史》言卢辩撰《六官》，而《隋志》不载。辩盖与苏绰同治《周官》，对北周之创制立法有大影响。凡此皆以门第之盛与学业之盛并举。惟因其门第盛,故能有此学业之盛。亦因其学业盛,才始见其门第之盛。即如王通河汾讲学,著《文中子中说》,亦自以其学术所自推本于家门之传统。下迄唐代,其子孙辈亦尚以此相夸耀。究竟《中说》由何人所撰,遂滋后代疑问。要之即就《中说》一书,亦可说出在魏晋南北朝时,夸扬门第传统必兼夸其一家之学业传统。此种风气,远承东汉累世经学而有累世公卿而始有门第成立之渊源,故此后门第中人,亦多能在此方面承续不替。纵使为帝王之家,亦浸染在此风习中,爱好文采,劬勤学业。偏论其政治,固无可取,然若专一论其门第,则此一长处,亦不当一笔抹杀。否则此一时代之整个历史情实,亦将为之变色,再不能使我们了解到此一时代之真相。凡此所述,固非存心为此一时代之门第作辨护,只是为此一时代之历史情实作另一方面之洗发而已。

(一二)

兹再综合上述,重加例证。宋临川王刘义庆有《荐庾实等表》,其文曰:

> 伏见前临沮令新野庾实,秉真履约,爱敬淳深。昔在母爱,毁瘠过礼。今罹父疚,泣血有闻。行成闺庭,孝著邻党。足以彰化率民,齐教轨俗。前征奉朝请武陵龚祈,恬和平简,贞洁纯素,潜居研志,耽情坟籍,亦足镇息颓竞,奖勖浮

> 动。处士南郡师觉授，才学明敏，操介清修，业均井渫，志固冰霜。

据此表文，可见当时人看重内行，以孝为主。而另一面则重看学业，而以息颓竞，勖浮动为言。

又陈天嘉元年诏：

> 梁前征西从事中郎萧策，梁前尚书中兵郎王暹，并世胄清华，羽仪著族，或文史足用，或孝德可称。并宜登之朝序，擢以不次。

可见当时人所目以为世胄清华羽仪著族之门第中人，其标格所在，非文史足用，即孝德可称。一属学业，一属内行。惟此二者，乃为当时门第所尚，此风至陈代而犹然。

至论学业，文学尤为时尚，其风盖自曹魏父子开之。《金楼子·兴王》篇载魏武帝御事三十余年，手不舍书。昼则讲军策，夜则思经传。登高必赋，被之管弦，皆成乐章。《魏志·文帝纪》，帝初好学，以著述为务，使诸儒撰集经传随类相从，凡千余篇。号曰《皇览》。是为后世类书之滥觞。由是而风会所趋，六朝之帝室皇枝，名卿硕彦，靡不延揽文学，抄撰众书。齐梁尤盛。盖建安文体创新，固已歆动众好，而曹氏父子以帝王之尊垂情篇什，更易形成后世之风尚。然此种文学风尚，既与经史实学异趣，亦复与安亲保荣为当时所重之传家风教有违。刘勰《文心雕龙》论之云：

> 魏之三祖,气爽才丽,宰割辞调,音靡节平。观其北上众引,秋风列篇,或述酣宴,或伤羁戍,志不出于淫荡,辞不离于哀思。虽三调之正声,实韶夏之郑曲。

盖建安新咏,原本乐府,其关于音节方面者姑不问,论其内容,述酣宴,伤羁戍,志陷淫荡,辞归哀思,此虽文学之新域,要非修齐之正轨。而风气既开,人竞追逐。如祖莹以文章见重,常语人云:

> 文章须自出机杼,成一家风骨,何能共人同生活也。

梁简文帝《诫当阳公大心书》乃谓:

> 立身之道与文章异。立身先须谨重,文章且须放荡。

此等放荡不与人同生活之情态意境,岂能与立身谨厚之万石家风两美双全?姚察引阮孝绪言,亦谓有行者多尚质朴,有文者少蹈规矩。刘勰《文心雕龙》尤慨乎言之,谓励德树声,莫不师圣,而建言修辞,鲜克宗经。然此等文风,终是流漫不止。钟嵘《诗品·序》有云:

> 今之仕俗,斯风炽矣。裁能胜衣,甫就小学,必甘心而驰骛焉。于是庸音杂体,各为家法。至于膏腴子弟,耻文不逮,终朝点缀,分夜呻吟。次有轻荡之徒,笑曹刘为古拙,谓

鲍昭羲皇上人，谢朓今古独步。

颜之推《家训》，更于此痛切缕述，谓：

吾家风教，素为整密。昔在龆龀，便蒙诱诲。每从两兄，晓夕温凊，规行矩步，安辞定色。锵锵翼翼，若朝严君焉。年始九岁，便丁荼毒，慈兄鞠养，有仁无威，导示不切。虽读礼传，微爱属文，颇为凡人之所陶染。肆欲轻言，不修边幅。年十八九，少知砥砺，习若自然，卒难洗荡。三十以后，大过稀焉。每常心共口敌，性与情竞，夜觉晓非，今悔昨失，自怜无教，以至于此。

可见当时爱好文辞之习尚，实与门第教养，礼法修践，存在有背道而驰之裂痕。一本两汉儒家传统，一出曹魏轶荡新轨。后人兼采并存，而未能陶冶合一。颜黄门亲以过来人教戒子弟，其言可谓恳切谆到。《家训》中又列举此一时代人染被新风，违失旧习，所谓文人无行，身败名裂之具体例证，言之确凿，数之覼缕，往事俱在，文详不引。要之此一裂缝，亦为考论当时门第病害者所当深切注意也。

直至隋李谔《上书正文体》犹云：

魏之三祖，更尚文词。忽君子之大道，好雕虫之小技。下之从上，有同影响。竞骋文华，遂成风俗。江左齐梁，其弊弥甚。贵贱贤愚，唯务吟咏。遂复遗理存异，寻虚逐微。

竞一韵之高,争一字之巧。连篇累牍,不出月露之形。积案盈箱,惟是风云之状。世俗以此相高,朝廷以此擢士。利禄之途既开,好尚之情弥笃。

可知当时尚文之风,溯源实始曹魏。而门第来历,则远在其前。门第必重儒术,谨礼法,尚文则竞虚华,开轻薄。惟魏晋以下之门第,既不能在政治上有建树,乃转趋于在文辞上作表现。盖矜尚门第,自当重门第中之人物,人物则必有所表现。在始仅认文学为人生表现之一种工具,在后则认人生即在文学表现上。如此一变,遂至于大谬而不然。又曹氏父子,对当时门第传统,本抱一种敌视之意态。魏武尝有不惜援用不忠不孝之人之诏书,曹魏当时之新文体,本不与门第相顾。而魏晋以下之门第,一面谨守儒家旧传统,一面又竞慕文学新风流。在此二者间,未能融会调剂,故使利弊互见,得失交乘。此一种复杂之情形,极难剖析尽致。惟贵读史者随时随处,分别善观。片面单辞,则殊难刻画使分寸恰符,称衡使铢两不失也。

(一三)

其次当及魏晋以下之崇尚老庄与清谈。先有王弼何晏谈虚无,次有阮籍嵇康务放达。然此惟三国魏晋之际为尤。南渡以后,其风即渐变质。抑且王何立论,天地万物以无为本,实对两汉以来阴阳家言五德终始,以及一切谶纬妄诞,为魏晋篡弑所借口者,有摧陷廓清之功。而阮嵇之放达,则戴逵《放达为非道论》已为之解释。戴之言曰：

> 竹林之为放，有疾而为颦者也。元康之为放，无德而折巾者也。

沈约有《七贤论》，大意亦为阮嵇阐解。要而言之，则曹魏之好文辞，与晋人之祖玄虚，二者同为魏晋以下门第家风之大病害。赵瓯北《二十二史劄记》有《清谈之习》一条，备记当时人之斥清谈者。可见崇尚老庄，乃一时激于世变而姑逃以寄，本未尝专主老庄以代周孔。故裴徽问王弼，无者诚万物之所资，圣人莫肯致言，而老庄申之无已，何邪？弼答：圣人体无，无又不可以训，故言必及有。老庄未免于有，恒训其所不足。就此一问一答之间，见当时虽言虚无，尚亦无扬庄老而抑周孔之意。故阮瞻以将毋同三语得辟为掾。其后郭象注《庄》，亦多骋曲解，回护孔子，显违《庄》书之原义，而一时因以享盛名。是知逃言虚无，实具苦衷，非本情好。我所谓南渡以后逐渐变质者，盖当时门第中人乃渐以清谈为社交应酬之用。盖惟清谈可以出言玄远，不及时事，并见思理，征才情，正与诗文辞采，同为当时门第中人求自表现之工具。若周孔礼法，家门孝谨，虽敦笃奉行，却不宜在社交场合，宴会群聚中作为谈论之资。门第中人则总喜有表现。既不能在世间实际功业事为有贡献，乃在文辞言谈自树异。若真尚老庄，心知其意，即不必刻意求文辞之精美。真重文辞，跌宕歌呼，亦不复是老庄之虚无。在此二者间，殊无必然相连之内质。抑且此二者，在当时乃能与儒家传统礼教及所重之孝谨家风相配合,沆瀣一气,汇为同流,若不见有冲突。此中情况,则惟以历史因缘始可为之说明。此非当时人在周孔老庄以上,另有一种更高之综合而使其得此,此即证之于当时人之言谈与著述而可知。我无以名之,姑名之曰崇尚老庄之变质。

如《世说》载:

> 诸名士共至洛水戏,还。乐令问王夷甫曰:今日戏,乐乎?王曰:裴仆射善谈名理,混混有雅致。张茂先论史汉,靡靡可听。我与王安丰说延陵子房,亦超超玄著。

此事尚在渡江前,已见时人以谈作戏。无论所谈是名理,是历史,抑是古今人物,要之是出言玄远,要之是逃避现实,而仍求有所表现。各标风致,互骋才锋,实非思想上研核真理探索精微之态度,而仅为日常人生中一种游戏而已。

《世说》又一则云:

> 谢胡儿语庾道季,诸人莫当就卿谈,可坚城垒。庾曰:若文度来,我以偏师待之。康伯来,济河焚舟。

此故事在渡江后。益见时人以谈作戏,成为社交场合中之一种消遣与娱乐。谢道蕴为小郎解围,一时传为佳话,亦只是骋才情见机敏而已。故知当时名士清谈,特如斗智。其时又好围棋,称之曰坐隐,又称曰手谈。正因围棋亦属斗智,故取以拟清谈也。然则清谈亦可称口弈,或舌棋,见其亦仅属一种凭口舌之对弈。

亦可称为谈隐，以时人直是以谈话作山林，出言玄远，即是隐于谈，却不必脱身远去，真隐于山林也。

又按《齐书·柳世隆传》，世隆少立功名，晚专以谈义自业。常自云，马槊第一，清谈第二，弹琴第三。在朝不干世务，垂帘鼓琴，风韵清远，甚获世誉。此以清谈与马槊弹琴相提并论，亦如以清谈与弈棋相类视，要之清谈乃是一种日常生活，若谓专求哲理，岂不甚违当时之情实乎？

又按《晋书·陶侃传》，诸参佐或以谈戏废事，乃命取其酒器蒱博之具悉投于江。曰：樗蒱者，牧豕奴戏耳。老庄浮华，非先王之法言。此处亦以谈戏并言。谈即老庄清谈，而与樗蒱并举，则清谈之成为当时日常人生中一种消遣游戏之事，又得一证矣。

又按《世说》云：

> 殷中军为庾公长史，下都王丞相为之集。桓公王长史王蓝田谢镇并在。丞相自起解帐，带麈尾，语殷曰：身今日当与君共谈析理。既共清言，遂达三更。丞相与殷共相往反，其余诸贤略无所关。既彼我相尽。丞相乃叹曰：向来语，乃竟未知理源所归。至于辞喻不相负。正始之音，正当尔耳。明旦，桓宣武语人曰：昨夜听殷王清言，甚佳。仁祖亦不寂寞，我亦时复造心，顾看两王掾，辄翣如生母狗馨。

此是殷浩新出，将有远行，王导作集，为之邀约诸贤，共作一夕之欢也。此如法国十八世纪有沙龙，亦略如近人有鸡尾酒会，自是当时名士一种风流韵事。既不作灌夫之使酒,亦不效谢安之携妓,仅是清谈玄理,岂不风雅之绝。英雄如桓宣武,席中尚不获儳言插论。退席语人,犹以时复造心自喜自负。可见即是清谈,亦犹有儒家礼法密意行乎其间。此乃是当时人一种生活情调,即今想象,犹在目前。若认真作是一哲理钻研,则诚如隔靴搔痒,终搔不到当时人痒处所在矣。

《世说》又一则载:

> 裴散骑娶王太尉女,婚后三日,诸婿大会。当时名士王裴子弟悉集。郭子玄在坐,挑与裴谈。子玄才甚丰赡,始数交未快,郭陈张甚盛,裴徐理前语,理致甚彻,四座咨嗟称快。王亦以为高,谓诸人曰:君辈勿为尔,将受困寡人女婿。

今试设想,如当时裴王门第之盛,安富尊荣已臻极度,又值新女婿上门,嘉宾萃止,若如今日西俗,则正好来一盛大舞会,而当时诸贤,则借此场合作一番清谈,所说又尽是庄老玄虚,岂不诚是风流雅致乎?

《世说》又一则云:

> 羊孚弟娶王永言女,及王家见婿,孚送弟俱往。时永言父东阳尚在,殷仲堪是东阳女婿,亦在坐,孚雅善理义,乃与仲堪道齐物。殷难之。羊云:君四番后当得见同。殷笑曰:乃可得尽,何必相同。乃至四番后一通,殷咨嗟曰:仆更无以相异。叹为新拔者久之。

此一故事与上则绝相似，皆是新婿登门，于盛大宴会中作清谈也。

《晋书·忠义传》载：弘农王粹以贵公子尚主，馆宇甚盛，图庄周于室，广集朝士，使嵇含为之赞。含援笔为祭文。曰：

> 帝婿王弘远，华池丰屋，广延贤彦。图庄周垂纶之象，记先达却聘之事。画真人于刻桶之室，载退士于进趣之堂。可谓托非其所，可吊不可赞也。

堂上画庄周像，此亦当时门第一种风雅装饰，正如在宴会中辨《齐物论》，亦是当时一种时髦应酬。嵇含乃康之兄孙，不失其叔祖遗风。于此独致讥笑。此可见风流感染，愈远而愈失其真，故我谓南渡清谈已渐变质也。

明于此，请继论王僧虔之《诫子书》。书云：

> 谈何容易。见诸元，志为之逸，肠为之抽。专一书，转诵数十家注，自少至老，手不释卷，尚未敢轻言。汝开《老子》卷头五尺许，未知辅嗣何所道，平叔何所说，马郑何所异，指例何所明，而便盛于麈尾，自呼谈士，此最险事。设令袁令命汝言《易》，谢中书挑汝言《庄》，张吴兴叩汝言《老》，端可复言未尝看邪？谈故如射，前人得破，后人应解。不解，即输赌矣。且论注荆州八袠，又才性四本，声无哀乐，皆言家口实，如客至之有设也。汝皆未经拂耳瞥目，岂有庖厨不修，而欲延大宾者哉？

细玩僧虔此书,可见当时清谈,正成为门第中人一种品格标记。若在交际场中不擅此项才艺,便成失体,是一种丢面子事。故云如客至之有设。若家有宾客来至,坐对之际,茗果既设,亦须言谈。惟既不宜谈政治隆污,又不屑谈桑麻丰凶。若要够得上雅人深致,则所谈应不出上述之数项。此所谓言家口实。当时年长者应接通家子弟,多凭此等话题,考验此子弟之天姿与学养。故当时门第中贤家长必教戒其子弟注意此等言谈材料,此乃当时门第装点场面周旋酬酢中一项重要节目,故既云谈何容易,又说端可复言未尝看邪。风气所趋,不得不在此方面用心。其实在魏晋之际,时人所以好言庄老虚无,又所以致辨于才性四本及声无哀乐等问题者,此皆在时代苦闷中所逼迫而出之一套套思想上之新哲理与新出路。当时人确曾在此等问题上认真用心思。至后则仅賸下这几个问题,用来考验人知也不知,答应得敏速利落与否,仅成为门第中人高自标置之一项凭据。既为门第中人,不能于此等话题都谈不上口。故梁元帝《金楼子》于《著书》一篇之后接有《捷对》篇,篇中所举,虽不能如《世说》之深雅,然可见著书与捷对同为当时门第所尚,而捷对则仅是清谈之降而益下者。任彦升《为萧扬州作荐士表》有云:

> 势门上品,犹当格以清谈。英俊下僚,不可限以位貌。

此见当时人实以清谈为门第中人考验够格与否之一种标准也。则当时门第有清谈,岂非如此后考场中之经义与八股,惟一出政府功令,一属社会习尚,不同在此而已。

要之重文辞与尚清谈，则不得不同目为当时门第中两大病。重文辞之病，已述在前。清谈之病，颜氏《家训》历数极深切。其言曰：

> 老庄之书，盖全真养性，不肯以物累己也。故藏名柱史，终蹈流沙。匿迹漆园，卒辞楚相。此任纵之徒尔。何晏王弼，祖述玄宗，递相夸尚，景附草靡。皆以农黄之化，在乎己身，周孔之业，弃之度外。而平叔以党曹爽见诛，触死权之网也。辅嗣以多笑人被疾，陷好胜之阱也。山巨源以蓄积取讥，背多藏厚亡之文也。夏侯玄以才望被戮，无支离拥肿之鉴也。荀奉倩丧妻神伤而卒，非鼓缶之情也。王夷甫悼子悲不自胜，异东门之达也。嵇叔夜排俗取祸，岂和光同尘之流也。郭子玄以倾动专势，宁后身外己之风也。阮嗣宗沉酒荒迷，乖畏途相诫之譬也。谢幼舆赃贿黜削，违弃其余鱼之旨也。彼诸人者，并其领袖，玄宗所归，桎梏尘滓之中，颠仆名利之下者，岂可备言乎？直取其清谈雅论，剖玄析微，宾主往复，娱心悦耳，非济世成俗之要也。

颜氏之所指摘，仅谓当时人未能真学老庄，而犹好言之，最先因于时代所激，既好言之而仍不能真学，则乃为门第背景所困。盖门第先在，激于世变而言老庄，而老庄终非门第传统中安亲持荣之正道，于是有许多人因此作牺牲，此亦一种时代悲剧。而老庄清谈乃渐变为一种娱心悦耳之资，换言之，则是社交场合中一种游戏而已。

梁元帝《金楼子》又有云：

> 世有习干戈者贱乎俎豆,修儒行者忽乎武功。范宁以王弼比桀纣,谢混以简文方赧献。李长有显武之论,文庄有废庄之说。余以为不然。余以孙吴为营垒,以周孔为冠带,以老庄为欢宴,以权实为稻粱,以卜筮为神明,以政治为手足,一围之木持千钧,五寸之楗制开阖,总之者明也。

此处以老庄为欢宴五字,即我上之所分析,如举《世说》各条,上自洛水清游,下至裴羊两家新婿欢谯,岂非其明证乎？

《金楼子》又云：

> 天下一致而百虑,同归而殊途。儒者列君臣父子之礼,序长幼之别。墨者堂高三尺,土阶三等,茅茨不翦,采椽不斲,冬日以鹿裘为礼,盛暑以葛衣为贵。法家不殊贵贱,不别亲疏,严而少恩,所谓法也。名家苛察缴绕,检而失真,是谓名也。道家虚无为本,因循为务,中原丧乱,实为此风。何邓诛于前,裴王灭于后,盖为此也。

此处以中原丧乱归咎于道家虚无,似较颜黄门《家训》远为严刻。然元帝又不许范宁之罪王何。盖当时门第中人,一般都主兼采并畜。老庄非无可取。善用之,殊途亦可同归。惟一意于此,始见病害。元帝之意,亦非与颜黄门有甚深之违歧也。

《世说》又云：

王夷甫容貌整丽,妙于谈玄。恒捉白玉柄麈尾,与手都无分别。

手与玉柄同白,是其貌之丽。然想王夷甫捉麈清谈之顷,必有一番闲情雅致,始以见其容之整。丽固可羡,整则可矜。从此清谈捉麈,亦成为门第中一种风流。陈显达自以门寒位重,每迁官,常以愧惧之色戒其子,勿以富贵陵人。曰:麈尾蝇拂,是王谢家物,汝不须捉此。取而烧之。此亦见清谈与当时门第背景之关系矣。

以上逐一分说当时门第中人所以高自标置以示异于寒门庶姓之几项重要节目,内之如日常居家之风仪礼法,如对子女德性与学问方面之教养。外之如著作与文艺上之表现,如交际应酬场中之谈吐与情趣。当时门第中人凭其悠久之传统与丰厚之处境,在此诸方面,确亦有使人骤难企及处。于是门第遂确然自成一流品。门第中人之生活,亦确然自成一风流。此种风流,则确乎非借于权位与财富所能袭取而得。中书舍人王宏为宋太祖所爱遇,谓曰:卿欲作士人,得就王球坐,若往诣球,可称旨就席。及至,球举扇,曰:若不得尔。宏还启闻,帝曰:我便无如此何。纪僧真幸于宋孝武帝,曰:臣小人,出自本州武吏,愿就陛下乞作士大夫。帝曰:此事由江敩谢瀹,我不得措意。纪承旨诣敩,登榻坐定,敩命左右移吾床让客。纪丧气而还。帝曰:士大夫固非天子所命。此等事,骤看似不近情理,然若就上述逐一思之,便知在当时亦自有来历背景,不易凭吾侪此刻意见轻下判语也。

南方门第此种文采风流,即在北方胡族中,亦生爱慕。当时北方鲜卑之汉化,此种心理,亦一重要契机。史称魏孝文甚重齐人,亲与谈论,顾谓群臣曰:江南多好臣。侍臣李元凯对曰:江南多好人,岁一易主。江北无好臣,百年一易主。魏主甚惭。就实论之,不仅南方政府无奈门第何,即北方政府终亦无奈门第何。而后遂开此下隋唐之新局面。此亦尚论史实者所当知也。

(一四)

此下再略一提及当时门第信奉佛教之事。佛教主张出家离俗,似与当时大门第风尚不相容。其实亦不然。《颜氏家训》云:内教多途,出家自是其一法。若能诚孝在心,仁惠为本,不必剃落须发。可见除却剃须落发,出家离俗以外,在佛门中亦尚有许多堪资当时门第取用者。举其著明之事,佛家有种种礼法修持,教导信向,实较老庄虚无更适于门第之利用。故在魏晋之际,一时虽老庄盛行,而宋齐以下,即多转奉释氏。固缘当时大德高僧,善为方便,能随俗宏法。如《宏明集》载慧远《沙门不敬王者论》,谓悦释迦之风者,辄先奉亲而敬君。又何尚之《答宋文帝赞扬佛教事》,谓慧远法师尝云:释氏之化,无所不可。适道固自教源,济俗亦为要务。故慧远虽入山门,仍讲授《丧服》。又如《续高僧传》,释昙济在虎丘讲《礼》《易》《春秋》各七通,释僧旻从僧回受五经,释智琳《礼》《易》《老》《庄》,悉穷幽致。宋释慧琳梁释慧始皆注《孝经》。刘勰著《文心雕龙》,后为僧名慧地。凡此皆当时释氏兼通儒业之例。《弘明集》又载梁武帝《敕答臣下神灭论》谓:

《祭义》云:惟孝子为能飨亲。《礼运》云:三日斋,必见所祭。若谓飨非所飨,见非所见,违经背亲,言语可息。神灭之论,朕所未详。

此以儒家孝亲祭祖之礼难范缜神灭之说,转以回护佛教,更可见当时大门第与佛教义之多相通借。故颜之推《家训》乃特著《归心》篇告其子,谓家世归心,勿轻慢也。后周王褒著《幼训》诫诸子,其一章云:吾始乎幼学,及于知命,既崇周孔之教,兼循老释之谈。江左以来,斯业不坠。汝能修之,吾之志也。可知直到南朝末期,老释之谈,仍为门第中人所同奉。然庄老道家终不能与释氏争重,其间亦有必然之势。盖值政治浊乱,世途多棘,道家言可以教人逃避。值心情苦闷,神思拂郁,道家言可以教人解脱。故魏晋之际,庄老玄远遂为一时门第所重。然有逃避,有解脱,无趋向,无归宿。时过情迁,则仍由有许多不能解答之问题,使人心不能不另求出路。如谓人生价值可于世事纠纷中抽离,即就其人之本身表现而存在,则人必有死,死后岂不仍是落空。《世说》载戴逵见支道林墓。曰:

德音未远,而墓木已积,冀神理绵绵,不与气运俱尽耳。

此一慨想,实俱深意。道家能事,只能因应气运,气运尽,则无不俱尽者。于是人生之深一层要求,遂不得不转归于释教。又如安亲保荣,顾念门第而期望子孙,然子孙究何预己事,沉浸于道家言者,终必发此问,如上引谢安已然,而此问终不见有好解答。

《颜氏家训·归心》篇亦云:

> 有子孙,自是天地间一苍生耳,何预身事,而乃爱护,遗其基址,况于己之神爽,顿欲弃之哉!

可见纵使门第福荫,可以蝉绵不辍,子孙永保,胤祚勿替,亦仍不能满足人心内在更深一层之要求。当时门第中人所以终自转向于佛教信仰之一种内在心情,于戴颜二人之说,正可透露其深处也。

此下迄于唐代,门第犹盛,而佛教亦同时称盛。宋以下门第衰而佛教亦衰。儒家思想之复兴,固是一理由。然门第与佛教自有一种相互紧密之关联。门第为佛教作护法,佛教赖门第为檀越。唐代禅宗崛起,实开佛教摆脱门第之一种新趋势。而宋代理学则为代替禅宗之一种新儒学。然魏晋南北朝门第之羽翼佛教而助其发旺成长,亦不可不谓其在中国文化史上有此一贡献。

(一五)

今再综合言之。魏晋南北朝时代一切学术文化,其相互间种种复杂错综之关系,实当就当时门第背景为中心而贯串说之,始可获得其实情与真相。此则就上举诸端,已自可见。

继此尚有一事当附述者,乃为当时门第中人之看重艺术。《颜氏家训·杂艺》篇所载分九类:一书法,二画绘,三弓矢射艺，四卜筮，五算术，六医方，七音乐琴瑟，八博戏与围棋，九投壶与弹棋。其中有在中国文化传统中占极重要地位者，厥为书法与画绘。当时门第中人重视此二艺，正犹其重视诗文，皆为贵族身份之一种应有修养与应有表现。梁元帝《金楼子》谓以卜筮为神明，盖门第中人于祸福观念特所敏感，故多不免陷于迷信。如王氏一家之信奉天师道，即其一例。而佛法之深得门第拥护，其因果报应避祸邀福之谈，更是主要因素。医方为门第所重，与其重卜筮，乃一事之两面。避祸求福，尤要者必祈望免疾病，长得健康。道家之学转而为长生，为修炼，此事自秦汉以来已然，而如陶宏景诸人之受当时之崇重，此亦与门第中人之意态有关。如弹琴与围棋，亦是贵族清闲生活中一种高贵娱乐。既陶性情，亦练心智。凡当时门第中人之生活情趣，及其日常爱好，皆可于上列诸项中见之。而关涉于此诸方面之著述亦极多，具载于《隋志》，此不详。而其时僧人亦多擅术艺。《隋志》所载，音乐、小学、地理、天文、历数、五行、医方、楚辞诸门，皆有沙门撰著，此又见当时教徒与门第之相通也。

以上洪纤俱举，巨细备陈，要以见魏晋南北朝时代一切学术文化，必以当时门第背境作中心而始有其解答。当时一切学术文化，可谓莫不寄存于门第中，由于门第之护持而得传习不中断，亦因门第之培育，而得生长有发展。门第在当时历史进程中，可谓已尽其一分之功绩。即就政治言，当时门第亦非绝无贡献。《南史·王弘传论》有云：

语云：不有君子，其能国乎？晋自中原沸腾，介居江左，以一隅之地抗衡上国,年移三百,盖有凭焉。其初谚云:王与马,共天下。盖王氏人伦之盛,实始是矣。及夫休元兄弟,并举栋梁之任,下逮世嗣,不亏文雅之风,其所以簪缨不替,岂徒然也。

此虽专指王氏一家,然晋室南渡,所以得有偏安之局,实凭当时许多门第支撑。而北方门第之功则更大。正因有门第,故使社会在极度凶乱中而犹可保守传统,终以形成一种力量,而逼出胡汉合作之局面。迨于北朝,中原文物复兴,政治先上轨道,制度成一体统,下开隋唐之盛运。此皆当时北方门第艰苦支撑,惨澹营造之所致。其所贡献于此一时期之历史者,决不比南方门第为逊色。

再推扩言之,欲研究中国社会与中国文化,必当注意研究中国之家庭,此意尽人皆知。而魏晋南北朝时代之门第,当为研究中国社会史与文化史以及中国家庭制度者所必须注意,亦自可不待言而知。本篇所论,颇似对当时门第偏有袒护,然亦历史实况如此。至于当时门第之有种种短缺,亦多载在史籍,即当时人亦多明白指摘。下逮后世,迄于近代,能言之者更复不少,本篇转略不论,此亦立言各有体要,惟读者谅之。

此稿成于一九六三年,刊载于是年八月

《新亚学报》五卷二期。

出版说明

《中国学术思想史论丛》三编八册，共119篇，汇集了作者从学六十余年来讨论中国历代学术思想而未收入各专著的单篇散论，为作者1976—1979年时自编。上编（一—二册）自上古至先秦，中编（三—四册）自两汉至隋唐五代，下编（五—八册）自两宋迄晚清民国。全书探源溯流，阐幽发微，颇多学术创辟，系统而真切地勾勒了中国几千年学术思想之脉络全景。

本书由台湾东大图书公司于1976—1980年陆续印行。三联简体字版以东大初版本为底本，基本保留作者行文原貌，只对书中所引文献名加书名号，并改正了少量误植之错讹。

三联书店编辑部

二零零九年三月

钱穆作品系列
（二十四种）

《孔子传》

本书综合司马迁以下各家考订所得，重为孔子作传。其最大宗旨，乃在孔子之为人，即其自述所谓“学不厌、教不倦”者，而以寻求孔子毕生为学之日进无疆、与其教育事业之博大深微为主要中心，而政治事业次之。故本书所采材料亦以《论语》为主。

《论语新解》

钱穆先生为文史大家，尤对孔子与儒家思想精研甚深甚切。本书乃汇集前人对《论语》的注疏、集解，力求融会贯通、“一以贯之”，再加上自己的理解予以重新阐释，实为阅读和研究《论语》之入门书和必读书。

《庄老通辨》

《老子》书之作者及成书年代，为历来中国思想学术界一大“悬案”。本书作者本着孟子所谓“求知其人，而追论其世”之意旨，梳理了道家思想乃至先秦思想史中各家各派之相互影响、传承与辩驳关系，言之成理、证据凿凿地推论出《老子》书应尚在《庄子》后。

《庄子纂笺》

本书为作者对古今上百家《庄子》注释的编辑汇要，“斟酌选择调和决夺，得一妥适之正解”，因此，非传统意义上的“集注”或“集释”，而是通过对历代注释的取舍体现了作者对《庄子》在“义理、考据、辞章”方面的理解。

《朱子学提纲》

钱穆先生于1969年撰成百万言巨著《朱子新学案》，“因念牵涉太广，篇幅过巨，于70年初夏特撰《提纲》一篇，撮述书中要旨，并推广及于全部中国学术史。上自孔子，下迄清末，二千五百年中之儒学流变，旁及百家众说之杂出，以见朱子学术承先启后之意义价值所在。”本书条理清晰、深入浅出，实为研究和阅读朱子学之入门。

《宋代理学三书随劄》

本书为作者对宋代理学三书——元代刘因所编《朱子四书集义精要》、周濂溪《通书》及朱熹、吕东莱编《近思录》——所做的读书劄记，以发挥理学家之共同要义为主，简明扼要地辨析了宋代理学对传统孔孟儒家思想的阐释、继承和发展。

《中国思想通俗讲话》

本书意在指出目前中国社会人人习用普遍流行的几许概念与名词——如道理、性命、德行、气运等的内在涵义、流变沿革，及其相互会通之点，并由此上溯全部中国思想史，描述出中国传统思想一大轮廓。

《现代中国学术论衡》

本书对近现代中国学术的新门类如宗教、哲学、科学、心理学、史学、考古学、教育学、政治学、社会学、文学、艺术、音乐等作了简要的概评，既从中西比照的角度，指出了“中国重和合会通，西方重分别独立”这一中西学术乃至思想文化之根本区别；又将各现代学术还诸旧传统，指出其本属相通及互有得失处，使见出“中西新旧有其异，亦有其同，仍可会通求之”。

《中国学术思想史论丛》

共三编八册，汇集了作者六十年来讨论中国历代学术思想而未收入各专著的单篇散论，为作者 1976—79 年时自编。上编（1—2 册）自上古至先秦，中编（3—4 册）自两汉至隋唐五代，下编（5—8 册）自两宋迄晚清民国。全书探源溯流，阐幽发微，颇多学术创辟，系统而真切地勾勒了中国几千年学术思想之脉络全景。

《黄帝》

华夏文明的创始人：黄帝、尧舜禹汤、文武周公，他们的事迹虽茫昧不明，有关他们的传说却并非神话，其中充满着古人的基本精神。本书即是讲述他们的故事，虽非信史，然中国上古史真相，庶可于此诸故事中一窥究竟。

《秦汉史》

本书为作者于 1931 年所撰写之讲义，上自秦人一统之局，下至王莽之新政，为一尚未完编之断代史。作者秉其一贯高屋建瓴、融会贯通的史学要旨，深入浅出地梳理了秦汉两代的政治、经济、学术和文化，指呈了中国历史上这一辉煌时期的精要所在。

《国史新论》

本书作者“旨求通俗，义取综合”，从中国的社会文化演变、传统的政治教育制度等多个侧面，融古今、贯诸端，对中国几千年历史之特质、症结、演变及对当今社会现实的巨大影响，作了高屋建瓴、深入浅出的精彩剖析。

《古史地理论丛》

本书汇集考论古代历史地理的二十余篇文章。作者以通儒精神将地名学、史学、政治经济、人文及民族学融为一体，辨析异地同名的历史现象，探究古代部族迁徙之迹，进而说明中国历史上各地经济、政治、人文演进的古今变迁。

《中国历代政治得失》

本书分别就中国汉、唐、宋、明、清五代的政府组织、百官职权、考试监察、财政赋税、兵役义务等种种政治制度作了提要钩玄的概观与比照，叙述因革演变，指陈利害得失，实不失为一部简明的“中国政治制度史”。

《中国历史研究法》

本书从通史和文化史的总题及政治史、社会史、经济史、学术史、历史人物、历史地理等6个分题言简意赅地论述了中国历史研究的大意与方法。实为作者此后30年史学见解之本源所在，亦可视为作者对中国史学大纲要义的简要叙述。

《中国史学名著》

本书为一本简明的史学史著作，扼要介绍了从《尚书》到《文史通义》的数部中国史学名著。作者从学科史的角度，提纲挈领地勾勒了中国史学的发生、发展、特征和存在的问题，并从中西史学的比照中见出中国史学乃至中国思想和学术的精神与大义。

《中国史学发微》

本书汇集作者有关中国历史、史学和中国文化精神等方面的演讲与杂论，既对中国史学之本体、中国历史之精神，乃至中国文化要义、中国教育思想史等均做了高屋建瓴、体大思精的概论；又融会贯通地对中国史学中的“文与质”、中国历史人物、历史与人生等具体而微的方面做了细致而体贴的发疏。

《湖上闲思录》

充满闲思与玄想的哲学小品，分别就人类精神和文化领域诸多或具体或抽象的相对命题，如情与欲、理与气、善与恶等作了灵动、细腻而深刻的分析与阐发，从二元对立的视角思索了人类存在的基本问题。

《文化与教育》

本书乃汇集作者关于中国文化与教育诸问题的专论和演讲词而成，作者以其对中国文化精深闳大之体悟，揭示中西传统与路线之差异，指明中国文化现代转向之途径，并以教育实施之弊端及其改革为特别关心所在，寻求民族健康发育之正途。

《人生十论》

本书汇集了作者讨论人生问题的三次讲演，一为“人生十论”，一为“人生三步骤”，一为“中国人生哲学”。作者从中国传统文化入手，征诸当今潮流风气，探讨“心”、“我”、“自由”、“命”、“道”等终极问题，而不离人生日常态度，启发读者追溯本民族文化传统的根源，思考中国人在现代社会安身立命的根本。

《中国文学论丛》

作者为文史大家，其谈文学，多从文化思想入手，注重高屋建瓴、融会贯通。本书上起诗三百，下及近代新文学，有考订，有批评。会通读之，则见出中国一部文学演进史；而中国文学之特性，及各时代各体各家之高下得失之描述，亦见出作者之会心及评判标准。

《新亚遗铎》

1949年钱穆南下香港创立新亚书院。本书汇集其主政新亚书院之十五年中对学生之讲演及文稿，鼓励青年立志，提倡为学、做人并重，讲述传统文化之精要，阐述大学教育之宗旨，体现其矢志不渝且终身实践的教育思想。

《晚学盲言》

本书是作者晚年"目盲不能视人"的情况下，由口诵耳听一字一句修改订定。终迄时已92岁高龄。全书分上、中、下三部，一为宇宙天地自然之部，次为政治社会人文之部，三为德性行为修养之部。虽篇各一义，而相贯相承，主旨为讨论中西方文化传统之异同。

《八十忆双亲　师友杂忆》

作者八十高龄后对双亲及师友等的回忆文字，情致款款，令人慨叹。读者不仅由此得见钱穆一生的求学、著述与为人，亦能略窥现代学术概貌之一斑。有心的读者更能从此书感受到20世纪"国家社会家庭风气人物思想学术一切之变"。